传统文化艺术品的收藏与鉴赏

崔世荣 ◎著

重庆出版集团 重庆出版社

图书在版编目(CIP)数据

传统文化艺术品的收藏与鉴赏/崔世荣著. —重庆：重庆出版社，2023.1
ISBN 978-7-229-17456-9

Ⅰ.①传… Ⅱ.①崔… Ⅲ.①艺术品—收藏—中国②艺术品—鉴赏—中国 Ⅳ.①G262②J052

中国版本图书馆CIP数据核字(2022)第250120号

传统文化艺术品的收藏与鉴赏
CHUANTONG WENHUA YISHUPIN DE SHOUCANG YU JIANSHANG
崔世荣　著

责任编辑：钟丽娟　阚天阔
责任校对：杨　婧
封面设计：白白古拉其

重庆出版集团
重庆出版社 出版

重庆市南岸区南滨路162号1幢　邮编：400061　http://www.cqph.com
北京四海锦诚印刷技术有限公司印刷
重庆出版集团图书发行有限公司发行
E-MAIL:fxchu@cqph.com　邮购电话：023-61520646
全国新华书店经销

开本：787mm×1092mm　1/16　印张：7　字数：210千
2023年5月第1版　2023年5月第1次印刷
ISBN 978-7-229-17456-9

定价：58.00元

如有印装质量问题，请向本集团图书发行有限公司调换：023-61520678

版权所有　侵权必究

前　言

传统文化艺术品的收藏与鉴赏对保存和研究中国传统民族文化具有十分重要的意义。传统文化艺术品收藏与鉴赏，古人称之为鉴藏，是十分广泛而又具有相当研究的课题。所谓鉴赏，实际上包括鉴定与欣赏两个方面。鉴定主要指判定作品的真伪，应属鉴定学的范畴；欣赏，主要指品评作品的优劣，属艺术批评学的范畴。鉴定与欣赏两者既有联系又有区别。收藏，主要包括收藏、流传、著录等方面。传统文化艺术品的收藏与鉴赏学问很深，范围很广。它以鉴定真伪为中心，旁涉欣赏、收藏、著录、考证等范畴，并已成为一门新兴的学科——书画鉴定学，所以研究传统文化艺术品的收藏和鉴赏具有十分重要的价值意义。

近年来，关于传统文化艺术品市场的论调越来越多，多数人认为，传统文化艺术品市场已经走向了成熟和繁荣。本书立足于艺术品收藏与鉴赏的理论和实践两个方面，首先对艺术品收藏与鉴赏的基础含义进行简要概述，然后对中国传统文化艺术品的收藏与鉴赏实践进行梳理和分析，包括中国瓷器、书画、玉器、青铜艺术品的收藏与鉴赏方面的内容。本书论述严谨，结构合理，条理清晰，内容丰富，能为当前的中国传统文化艺术品收藏与鉴赏相关理论的深入研究提供借鉴。

为了拓宽研究思路，丰富理论知识与实践表达，作者在写作过程中阅读了很多相关学科的著作与成功案例，吸取了大量交叉学科的知识并在书中采用，让研读本书的人能够真正清楚地理解这些内容，以便今后更好地实施。最后，书稿的完成还得益于前辈和同行的研究成果，具体已在参考文献中列出，在此一并表示诚挚感谢！

目 录

第一章 艺术品收藏与鉴赏概述 ··· 1
第一节 艺术品鉴赏基础 ·· 1
第二节 艺术品收藏基础 ·· 8

第二章 中国瓷器艺术品的收藏与鉴赏 ·· 16
第一节 中国古代瓷器艺术品鉴赏 ··· 16
第二节 中国现代瓷器艺术品收藏 ··· 25

第三章 中国书画收藏与鉴赏 ··· 46
第一节 中国书画鉴赏 ·· 46
第二节 中国书画收藏 ·· 59

第四章 中国玉器艺术品的收藏与鉴赏 ·· 64
第一节 中国玉文化基础概述 ·· 64
第二节 古代玉器收藏与鉴赏 ·· 72

参考文献 ·· 104

第一章　艺术品收藏与鉴赏概述

第一节　艺术品鉴赏基础

艺术、艺术品、美术、美术品、艺术鉴赏、艺术品鉴赏、美术鉴赏、美术品鉴赏、艺术品鉴定、美术品鉴定、艺术品鉴藏、美术品鉴藏、文物鉴赏、艺术欣赏、美术欣赏等诸多概念出现在我们的视野中。每一个概念的诠释仁者见仁，智者见智，没有统一的标准。似乎人们也没有很刻意地去区分这些概念，如艺术品鉴赏、艺术鉴赏，基本上是混为同一个概念。

艺术 (Art) 是借助一些手段或媒介，塑造形象、营造氛围，来反映现实、寄托情感的一种文化。艺术，是用形象来反映现实但比现实有典型性的社会意识形态。好的艺术往往具有美学价值或者哲学价值，但不一定具有大众层面的娱乐性。与科学相比，艺术离不开情感的表达。

艺术通常会借助语言、文字、绘画、音乐、形体等表达。现代艺术包括语言(含文学)、美术(绘画、雕塑等)、表演(音乐、舞蹈)、综合艺术(戏剧、电影)等等。艺术是语言的重要补充方法，就像讲话中我们会用大声代表生气，用笑声代表开心，用手舞足蹈代表焦急或者其他的心情来传递给对方。所以，每件艺术品都应该有它独特的诉求，这种诉求就是艺术的生命力。同时，艺术也指富有创造性的方式、方法。艺术可以是宏观概念，也可以是个体现象，是通过捕捉与挖掘、感受与分析、整合与运用(形体的组合过程、生物的生命过程、故事的发展过程)等方式对客观或主观对象进行感知、学习、表达等活动的过程，或是通过感受(视觉、听觉、触觉)得到的形式展示出来的阶段性结果。

一、艺术品鉴定

自古以来，艺术品的真伪问题一直存在。正是有真伪，所以才需要鉴定识别。收藏的经济投资效应，潜在地影响了赝品和作伪现象的诞生。在所有的藏品作伪中，估计艺术类赝品所占的比重最大。制作一件以假乱真的赝品可以为作伪者带来大量的利润和高额回报。这种高额诱惑，体现在人类几千年的收藏历史中。从历代收藏看，大致出现了几次作伪高潮。一次是宋代，主要是对青铜器等的仿制。一次是明代，主要是对历代书画的仿制。

一次是清代，大规模地仿制书画、瓷器、玉器等，数量空前。一次是民国时期，所造仿品应有尽有，几乎遍及收藏的各个门类。一次是改革开放以后，随着收藏市场的繁荣，作伪出现了专门化、多样化、集团化的特点，遍及收藏的各个领域。艺术赝品可以分为三类：一是伪造品。伪造者精心制作，假冒另一个艺术家的作品出售，有意进行欺骗，其中包括伪造艺术家的签名、伪造作品的证明文件或伪造整件作品。二是复制、翻印和临摹产品，制作时无进行欺骗意图，最后因错误或失误而被当作原作出售，其中包括某位著名艺术家"所属之流派"中的其他人所创作之作品，后来被当作该大师本人的作品而出售。三是改头换面的艺术品。其中包括对原作进行修饰加工、剪裁拼接，补全未完成之作品，以及没有根据地肆意挖补修复的残品。

藏品的真伪识别，是困扰世界的难题，相对于一般物品而言，艺术品的识别难度是最大的，这主要是因为艺术品不同于其他商品，它带有鲜明的个人色彩和情感因素。

艺术品鉴定，即是鉴明辨别艺术品真伪，包括对年代、作者、材料、艺术品风格等的甄别。鉴定是现代用语，唐代称鉴识、明代称鉴赏等。

艺术品鉴定在国内外还没有形成稳定的学科，它甚至不是一门系统性的学科，而是涉及诸多学科和专门知识，如考古学、艺术史学、图像学、文化人类学、社会学、自然科学等。艺术品鉴定人才的奇缺和断代问题相当严重，培养也是一个相当漫长的过程，且学院是很难培养出鉴定人才的，需要多方合力，如博物馆等部门提供资源。

从目前中国的鉴定层面看，艺术品的真伪问题多是专家判断，但是，这种方法还是不能完全保障。艺术品的真伪问题成了世界关注中国艺术品市场的重要问题，这一问题也影响了各类艺术品在国际上的形象。

藏品真伪的识别很难，对在世艺术家的作品而言，相对来说还是要简单一些，可以让艺术家签一份证明书或凭证，记录藏品的相关信息，如名称、创作时间、材质特点、内容题材等。但古代的藏品、自然物藏品、科技产品藏品等，就需要借助各种手段全方位加以识别，这常常是一个费时而又艰苦的工作。艺术品的鉴定除了艺术风格的相关因素（如笔法、墨法、造型特征、个性面貌等，当然还有偶然性）外，主要还有材料上的相关问题。材料的鉴定也许通过科技帮忙是一个很有前景的课题。

近年来出现了一个新的艺术品鉴证概念，或称"艺术品鉴证体系""艺术品鉴证科学体系"，大意是一种融合理论创新、技术创新、文化体制创新、产业模式创新的新型文化形态，主要涉及以下几个方面的问题：一是作者鉴定，即艺术创作者的相关问题，如人寿年限、作者的记忆力和眼力、道德问题等。二是经验鉴定，涉及专业实力、主要依据、司法问题等。三是科技鉴定，国际数据库系统建设、国内国际经验交流等问题。四是认证备案、防伪备案、实验室数据库建设等问题。五是艺术品鉴证，是应对艺术品作者署名真实性、艺术品原创性、相关文字信息准确性的认知需求，为了界定原创、模仿、复制、作伪、抄袭、代笔等行为，以科学的态度与方法为宗旨，坚持科学取证、科学论证的基本原则，既有严谨的鉴之过程，也有科学的鉴之依据，从而在艺术品领域中构起认知、管理、服务的相关体系。

在目前中国收藏品市场混乱无序发展的情况下，有必要进行正确的引导，如进行收藏品市场立法并加以完善，建立相关的政策和管理部门。在走私方面，一方面要加大海关等部门的管理力度；另一方面要加强国际文物艺术品管理的有效合作，目前已经取得了好的成效。在拍卖主体的建设方面，要注意吸收国际上的先进经验，避免走弯路。如建立大型的联合拍卖集团和拍卖信用体制，因为这样可以提高拍品的质量，有效地进行广度和深度宣传，节省很多的宣传和拍卖经费，同时也能利于管理，建立有效的统一收藏品市场。这一点在日本、法国和英国等国家取得了非常好的效果。在藏品鉴定方面，一定要尽快弥补鉴定人才"断代"现象，注意人才的培养和接代延续教育，对老一辈鉴定家要尽快建立保存口述经验的资料，加大科技鉴定的投入和研究。同时设立专项研究基金，极大限度地建立中国文物艺术品基因库，在世界范围内建立中国文物艺术品的监测和研究机构，以获取更多的文化个案，从而延续和整合中华文明的文化经脉。在博物馆的建设方面，要积极地与国外博物馆合作，进行展品的互惠展览和交流。同时定期免费开放国内的博物馆等文博单位，以利于开展广泛的社会艺术基础教育和宣传，提高全社会的艺术意识；在各级学校要积极和加大力度开展以艺术教育为中心的人文教育，并且坚持不懈。在大学要建立收藏品市场的研究和课程设置，以利于培养后续人才。可喜的是，一些高校已经开始设置与收藏学有关的艺术品市场学的课程。总之，随着收藏品市场的发展，与此相关的问题也会慢慢凸显出来，这就需要我们未雨绸缪、防微杜渐，积极有效地引导收藏品市场健康有序地发展。

二、艺术品欣赏

关于欣赏，人们通常会说到这几个概念：鉴赏、欣赏、品赏或品评等。对文学、音乐、电影、戏剧，通常称为艺术欣赏。而对书画、陶瓷、玉器、青铜等大多称为艺术品鉴赏或文物鉴赏，似乎是心照不宣的。

"鉴赏"一词英文是"appreciate"，即是对文物、艺术品等的鉴定和欣赏。这和汉语语境的"鉴赏"概念内涵是一致的，相对于文学作品而言，多为欣赏，而文物、艺术品则有鉴别真假的一层含义。艺术鉴赏的构成主要有鉴赏对象、鉴赏主体和鉴赏场所及中介。艺术鉴赏的对象是什么？艺术品。现代艺术实践活动繁复多样，艺术品的范围也越来越广，可以从艺术品的创作工艺、表现材质、表现方式、使用目的、功能性能、时间范围等入手，大致将艺术品分为绘画类艺术品、雕塑类艺术品、设计类艺术品、表演类艺术品、电子媒介类艺术品、语言文学类艺术品、音乐类艺术品等，这是我们通常所说的艺术鉴赏对象。谁在鉴赏？无疑是鉴赏主体。不同地域、民族、国家、历史时期对艺术鉴赏活动产生了不同的影响，在不同环境、条件、背景下所产生的不同的鉴赏群体，具有不同的鉴赏经验。鉴赏主体经验的差别，是影响鉴赏的重要因素。艺术鉴赏发生在什么场所，是在家庭还是在广场，是在影院还是在音乐厅，是在个人私密空间还是群体场合，是在博物馆还是歌剧院，这会产生不同的效果，不同场所、空间对艺术鉴赏产生不同的影响，鉴赏的中介，指媒介。艺术总是由媒介材质作为其物质存在基础的。媒介不同，有时是我们区分艺术门类的一个根据。

赏，即品评、欣赏作品高下、优劣。朱志荣先生谈到"欣赏"的重要性时说，欣赏活动作为人的生命活动的组成部分，与人的其他活动是相互关联的。欣赏者的欣赏过程，是艺术作品完成过程中不可或缺的环节。艺术作品虽然经历过创作者的审美活动，但在欣赏者接受之前，作品还没有最后完成，只具有潜在的审美价值。只有经历过欣赏者的审美活动，作品才算生成，其价值才能得到最后的实现。因此，创作只是文本物态的生成，欣赏才是作品的最后生成。艺术品欣赏，随着时代的发展，也在不断拓展它的研究视域。互联网、网络科技、数字化等的发展，也影响了艺术鉴赏。网络辅助艺术鉴赏在局域网的支持下起步时，有关艺术组织和个人将自己所拥有或收藏的艺术作品目录及相关参考信息输入计算机，主要供内部参考之用。为了方便查找，它们订购或开发了数据库系统及检索工具。互联网使得网络辅助艺术鉴赏上了新台阶，其表现之一是在线搜索引擎的应用。随着万维网向语义网的转变、下一代网络的应用，导航系统日益智能化。与此同时，人类艺术逐渐将自己的大本营从物理世界迁移到虚拟世界，网络辅助艺术鉴赏从而演变成为网络艺术鉴赏。

不管是艺术鉴定，还是艺术鉴赏，或许都是一种能力，一种人与物沟通交流的能力。鉴赏能力是一种经过培训而得到的欣赏美术作品和自然景物的能力，是对一种复杂的视觉或听觉构图以及它们深奥意义的整体把握能力，这样一种审美鉴赏的技能和能力，是一种认识性的能力，是一种通过训练而得到的操作性能力，与不经意的习惯不同，技能是一种通过培训而获得的智能。

三、艺术品鉴定方法

从目前国际鉴定学的角度看，艺术品的鉴定一般有两大类：西方称为风格鉴定和科学鉴定。我国称为目鉴考证和科技鉴定。美国人伦纳德·D.杜博夫（Leonard D. Duboff）认为："艺术鉴定分为两大类：风格鉴定和科学鉴定。风格鉴定是由一位艺术史学家根据其知识、直觉与经验对作品进行的主观评估。而科学鉴定则是根据各种科学检测的结果，对作品进行的客观评估。"其实中西两种鉴别方法，还是有相似的一面，只是存在手段、方法和技术上的不同。比如说我们的目鉴和考证，主要是偏重艺术风格分析，以目鉴为主，考证为辅。而艺术风格是将时代风格和个人风格相结合，分析笔墨、技法、构图、造型、纹饰、工艺制造、题材、题记款识、印风等要素。当然，著录、材料、装裱等也是参考的辅助依据。我们目前所采用的科技鉴定，是指借助科学技术手段对藏品进行材料等的特质属性分析。国际上的科学鉴定手段目前主要有放射性碳元素年代检测、化学分析、黑曜岩水合分析、裂变轨迹分析、比较分析、古代藏品复原技术、显微技术、X光摄影术、X光衍射技术、自动射线摄影等，这些方法对古代藏品的材料分析有相当的优势。藏品的鉴定还是个国际性的大问题，理想的方式应该是风格鉴定或目鉴考证与科学鉴定相结合，做到软件和硬件要素的统一。但现实的情况是鉴定学的两派很难达成统一的意见，其中或因潜藏特定的利益，或因固守原有的观念。藏品的真伪是收藏界最棘手的问题，它直接牵涉到巨大的经济利益，传统鉴定派和现代鉴定派还是时常存在极大的分歧，但有效的手段还是先要提高收藏者的鉴赏水平，不要盲目地去购藏价位高的藏品，理性地回归收藏，这是规避很多投资和收藏风险的有效手段之一。

北京大学的丁宁[①]先生提到"鉴赏三维"的问题，即"出处"，"出处"（provenance）研究，包括有关的著录，追踪的是从艺术家的作品脱手一直到今天的收藏家的转移记录以及其他相关的佐证。还有认为应该包括作品的原初语境，也就是作品的第一身份感。"目鉴"，"目鉴"注重一种对特定艺术家创作性情、作品技法、风格等特点的把握或洞察，是一种有时体现为直觉的反应。事实证明，这样的直觉反应虽然未必有多少理性的成分，但是却往往会有可能是极其敏锐和准确的。"科学测定"，"科学测定"是利用有关科学仪器进行的特殊测试。现在常见的办法包括反射比检测术（如利用反射比检测术产生的图像有助于研究者看到画面下作者在起稿时留下的线描）、X 光透视、树轮年代测定（如从画板和画框所用的木材上找寻年代信息）、电子扫描型显微镜/能量分散型 X 射线（SEM/EDX）等等。科学测定并非总是万能或万无一失的。但是，科学测定有时确实可以非常直截了当地解决真伪问题。

（一）传统鉴定方法

目鉴，取决于鉴定者的各学科知识、上手经验、艺术分辨能力、分析能力、考证能力等各方面的综合素养。成就一代鉴定大家是很漫长的过程，需要几十年，甚至是一辈子的精力、几代人的接力。

传统艺术品鉴定方法，靠的是目观、手触、耳听、考证等诸多方法，积极寻找文物艺术品"标准器"，熟透艺术发展史，走访博物馆、考古发掘现场、仿古作坊和藏家，上手器物，做到多看、多摸、多听、多交流、多辨别分析，不轻信艺术品和文物传说"故事"。林如[②]说："古代书画鉴定实践的方法主要是凭个人经验的'目验''望气'鉴定法，这是传统书画鉴定方法的特征。但这并不代表传统鉴定方法仅限于此。我们在历代有关书画鉴定的著述中，不难发现除'目验''望气'以外，还有以文史知识、作品材料等为依据的多种鉴定方法。"

20 世纪 20 年代历史学界出现的"二重证据法"使为古史寻找实物风靡一时，古代留存了陶瓷鉴定的一些方法，如明代洪武年间曹昭的《格古要论》是我国最早关于文物鉴定的书，书中介绍了有关对古铜器、古书画、古琴、古玉器等鉴定方法，其中一章专门对古代 16 个名窑器物的特点进行编写。再后来到清代，出现专门谈瓷的专录，如朱琰的《陶说》、寂园叟的《陶雅》等。民国时期许之衡的《饮流斋说瓷》共一卷十章，分别对古代瓷器的窑址、胎釉、色彩、花纹、款识、瓶罐、杯盘、杂具、疵伪等进行分析叙说，是中国古代瓷器专著，其中的"疵伪"章节对瓷器鉴定问题有所论述。许哲先生在《古陶瓷鉴定方法发展史初探》一文中谈到，古陶瓷鉴定方法有三个发展阶段：第一阶段，20 世

[①] 丁宁，浙江宁波人，北京大学艺术学院教授。
[②] 林如，1976 年 9 月生于浙江省玉环县。六岁开始习书，参加过全国及省市书法大赛并多次获奖。1997 年考入中国美术学院国画系书法篆刻专业，获文学学士学位。2002 年考入浙江大学中国艺术研究所攻读美术学硕士学位，2004 年获直接攻博资格。2008 年 3 月获浙江大学中国古典文献学专业博士学位，并留校任教。现为浙江大学艺术学系副教授、浙江省书法家协会学术委员会委员、浙江省青年书法家协会理事。

纪50年代以前，以传统方法对古陶瓷开展鉴定为主要手段。鉴别古陶瓷运用的是最传统的方法，即依靠"目、手、耳"三者并用，依靠世代相传的鉴定理论及与大量实物接触所积累的经验，通过与传世"标准器"的比对来判断被鉴定品的年代、窑口及真伪。第二阶段，20世纪50年代开始到20世纪七八十年代。陶瓷考古的发展，真正实现了"二重证据法"在古陶瓷鉴定中的应用。在此阶段，主张将陶瓷考古的发现与博物馆中的收藏品互为依据，在方法上主张二重证据法，将考古资料与博物馆实物相结合对比，互相佐证。冯先铭[①]先生根据历年陶瓷考古的资料、古文献记载及自己在工作中的经验积累写成《古陶瓷鉴真》一书。在书中，冯先生对魏晋到明清历代各窑口陶瓷从造型、纹饰、胎釉彩、款识、支烧方法五个方面入手来全面鉴定古陶瓷器。其认为古陶瓷鉴定中应着重于从对陶瓷造型与纹饰结合的判定来辨别古陶瓷器的年代、窑口、真伪。耿宝昌[②]先生于1993年出版的《明清瓷器鉴定》一书，是20世纪中国文物鉴定学术界的一个里程碑。书中对明清瓷器鉴定要点一一做了介绍，将明代瓷器分为三期六段，对于清代瓷器，其认为可早、中、晚三个时期。从造型、胎体、釉面、纹饰、器足、款识入手，并且要结合当时的时代背景来具体分析判定，抓住每种器物"标准器"的特征来比对，并认为对于明清瓷器鉴定来讲，款识是重要的标准之一。此书对普及鉴定文物知识有着重要作用。第三阶段，20世纪80年代至今。科学技术被更加广泛地运用到古陶瓷的鉴定之中。20世纪80年代以后，科技检测手段介入到古陶瓷鉴定中的作用日益凸显，测试实现了由有损到无损，主要是对陶瓷胎、釉、色料中的主、次、微量元素成分与含量的分析，兼有科学研究与文物鉴定的功能，元素分析法是当前在古陶瓷鉴定中应用最广泛的。主要方法有外束质子激发X荧光（PIXE）、同步辐射X荧光（SRXRF）、X射线荧光分析（XRF）。

（二）现代鉴定方法

现代科学鉴定方法，是指借助现代技术和设备以及生物学、化学、物理、计算机信息、数据化手段等对艺术品进行分析研究的一种手段和方法。用于鉴定文物的现代科学技术方法可分为：断代技术，包括碳-14、热释光、古地磁学、电子自旋共振、铀系同位素、钾氢、裂变经迹、氨基酸消旋断代技术；结构分析技术，包括热分析技术、扫描电子显微镜、X射线衍射、红外吸收光谱、核磁共振、数码摄影分析；化学元素分析技术，包括原子吸收和原子发射光谱、射线荧光分析、离子束分析、质谱和色谱及同位素分析、中子活化分析。采用现代科学技术方法进行文物鉴定，以文物的成分分析和年代测定较为常见。比较常用的方法有：碳-14断代技术；热释光断代技术；元素测定法；老化测定法；数码技术检测法；X射线荧光光谱法鉴定文物的材质；中子活化分析，确定物质元素成分的定性和定量的分析方法。

20世纪90年代，联合国教科文组织和国际博物馆协会就曾建立了一些实验室和研究所，从事艺术品鉴定、考古学方面的一些工作。通过科技检测手段鉴定文物在文博系统是

[①] 冯先铭（1921—1993），陶瓷鉴定专家。原籍湖北汉口（归武汉市管辖），1921年11月17日生于北京。1942年至1943年就读于北平辅仁大学西语系。受其父冯承钧（著名历史学家、翻译家）的影响，对历史有浓厚的兴趣。
[②] 耿宝昌，男，1922年生于北京，祖籍河北束鹿（今辛集市，归河北省直接管辖），文物鉴定专家。

比较普遍的一种方法，通常是在专门实验室完成的，也和传统鉴定方法相结合，现在大多数博物馆都成立了文保科技机构。

目前，对不同的文物艺术品采用的科技鉴定方法也不一样。如陶瓷器的鉴定，借助现代仪器，如X射线干式照相技术、中子活化分析、扫描电镜等。西方绘画的技术鉴定方法主要是射线成像技术，如中子活化成像、X射线成像、γ射线成像等。油画鉴定有如下几种方法：一是用放射性碳-14测定年代。利用生物体死亡后体内碳-14含量随时间减少的规律进行年代测定的技术。一旦生物体死亡，与外界停止碳交换，残体得不到碳-14的补充，将以每5730±40年衰变一半的速率不断减少。因此测得油画标样中残余碳-14的含量，就能推断出它的年代，这对于历史悠久的油画鉴定比较可靠。二是测定同位素铯137和锶90可判定油画系1945年后的作品。20世纪40—50年代的核武器爆炸曾释放出两种特殊的同位素铯137和锶90。它们渗透到了整个地球的土壤层和动植物中，也留存在了所有20世纪40—50年代后期创作的油画作品中，因为油画创作所使用的胶合剂天然油料，也是这两种同位素渗透的对象。在核爆炸之前，这两种同位素从未出现在自然界。三是用特殊扫描仪鉴定油画。因为每幅画的痕迹和所用颜料各不相同，它们在接受特殊扫描仪扫描时会呈现出各自不同的磁像。表面上看来完全一样甚至可以假乱真的复制品的磁像与真迹的磁像是完全不同的。即使用原作者所用颜料作画，但颜料混合方式、数量和作画的笔触不同，所产生的磁像也会不同。此外，与利用X光等其他用来辨别油画真伪的技术不同，这种扫描技术不会对油画造成损害。四是利用近红外线光谱鉴定油画。利用近红外线光谱，对艺术品的颜料、原稿和画布进行非接触检测，可以呈现出油画的底稿，进而较容易地再现艺术品的历史。许多画家在创作油画初始，都会在画布或木板上使用炭笔勾画出草图，而用炭笔所绘的轮廓线对近红外线的反射是非常高的。运用这种近红外线反射技术的晶体管探头，可以帮助了解画家的风格和技术。五是请行家鉴定油画。油画的真伪认定，通常还是靠专家个人认定，但专家水平如何、专家认定的准确性如何是无法用其他方法予以鉴别的。

绢是我国传统绘画的重要物质载体，用物理、生物学、化学、计算机技术等科技手段对书画进行分析，对结果进行归纳总结，可以指导绢画的真伪鉴定工作。其关键问题在于如何建立可参考的数据模型和数据库，常用的绢本书画鉴定方法有形貌观察、分子生物学检测、红外光谱分析、微量元素分析等。此外，书画鉴定数据库为科技鉴定服务的理论提供框架：一是形貌观察。画家等参数绘制出中国传统书画用绢的谱系，建立比较完善的数据库，将成为佐证绢上绘画鉴定工作有力的工具。二是分子生物学检测。将书画用绢的丝心蛋白基因图作为观察指标，采集具有一千多年历史的绘画用绢的大量样本并进行分子生物学分析，了解其蚕丝蛋白相关的基因信息，进而建立可靠的数据库，从中找到其与作品完成时间、地域的相对关系，无疑会对绢本书画的断代工作提供科学的、客观的证据。三是红外光谱分析。用红外光谱分析的方法，对大量的样本进行分析，取得其丝胶含量、老化情况的综合数据，与年代、地域相关联，从中找到真品和赝品的差别，必将极大地帮助对其真伪的鉴别工作。四是微量元素分析。通过对传世书画的绢丝中微量元素，特别是Fe、Cu、Zn等进行分析，收集大量数据，建立数据库，描绘出其精确的数据曲线图，也一定会对绢上书画的鉴定工作提供有益的帮助。

中国书画中采用科技鉴定的方法也越来越多，如采用显微镜对纸质材料的鉴定，运用文检技术对书画作品真伪进行鉴别必须遵循文件检验的方法和手段。文件检验属于刑事技术、法庭科学的范畴，它的检验方法是运用物理学、化学、生理学、心理学等科学理论对文件进行检验。其具体方法从大的种类上分为笔迹检验、污损文件检验、印刷文件检验等几方面。具体地说，利用文检技术进行书画作品真伪鉴定主要包括以下几个方面：一是运用和借鉴传统书画鉴定的方法和途径。二是运用污损文件检验的方法，发现被检书画作品是否有添、改、挖、刮、消退、割、拼等变造痕迹。三是运用印章印文的有关检验知识，识别书画作品印文的真伪。运用笔迹检验的方法，鉴别名款、题款、题跋及各种书法作品本身的真伪，以发现仿、造、临、摹、代等作伪手法形成的书画作品。

第二节 艺术品收藏基础

一、藏品来源

藏品是指可供收藏的人类创造的各类物品，如生活用品、文化产品、工业制品、科技产品、自然物等。社会演进到21世纪的今天，我们会发现，几乎任何一个个体物品，都有可能成为收藏品。从传统意义的"文化"收藏，到今天"泛文化"概念的收藏，人类在不断拓展收藏范围。从自然物品、精神文化产品到科技工业产品，人们的收藏品应有尽有。因此，我们一般可以将收藏品分为两类：传统意义的收藏品和现代意义的收藏品。传统意义的收藏品主要指古董珍玩艺术品，如书画、陶瓷、青铜、古籍、织物、玉器、矿物、竹木、杂件等。现代意义的收藏品，则不受限制，除了保持传统意义的收藏外，收藏门类五花八门，品种多样，应有尽有。

今天看来，藏品的范围越来越广泛，不仅局限于古董珍玩，连生活用品、工业产品等也进了收藏圈。专题性的藏品也越来越多，随着藏品的丰富，专题化的藏品博物馆也就应运而生。如酒瓶类的收藏、扑克的收藏、汽车的收藏、飞机的收藏、玩具的收藏等。收藏是一种乐趣，从各类藏品中收获知识，获得愉悦，这是很多人越来越喜欢收藏的基本原因。

随着收藏市场的繁荣，中国藏品呈现出传统藏品和现代藏品齐头并进的局面。我们在收藏品市场既能看到书画、陶器、瓷器、古籍善本、文献、织品、玉石、各类奇石、怪石、印石、家具、各种工艺品，也能见到古今中外各类钱币、影像资料、票据、邮品、火花、各类包装盒、瓶类、卡片、兵器、玩具、车辆、收音机、照相机、手机、电脑等。还有食品的收藏，也越来越引起人们的关注，如酒类的收藏、茶类的收藏等。此外还有各类标本的收藏，如植物标本、动物标本等。

关于藏品的来源，这是一个很复杂的问题，它应该分为初始来源和间接来源。以艺术品收藏为例，其初始来源即是各个时代艺术家直接创作而被收藏的艺术品。间接来源是指艺术品的收藏流转过程。间接来源从地域分布看有国内流转和国际流转，如国内藏家、海外藏家，我们目前用得较多的一个词是海外回流。从收藏主体看，有个人收藏、国家收藏、集体收藏、家族收藏等。因此可以这么说，藏品的初始来源即是任何藏品从它诞生的那一刻起，它就可能成为藏品。而藏品的间接来源，则是藏品在流转收藏过程中转换收藏主体的一个过程。

从近代以来国家收藏品的来源看，主要有以下几种情况：

一是调拨或交换。这是在国家政策规范和条件允许的情况下，国家收藏单位间的一种良性流动。一般有两种情况：一是国家收藏单位与地方收藏单位之间的调拨或交换；二是地方收藏单位与地方收藏单位之间的调拨与交换。调拨一般带有宏观调控性和行政干预性，交换则相对要自由一些。

二是借调。借调和调拨有些不同，借调带有"租借"性，藏品的归属是很明确的。

三是征集和购买。征集的范围很广，面向社会或个人，根据藏品的等级和质量实行定价购买，但其价格可能低于市场价。

四是捐赠。主要是指国家藏品机构接受社会或个人的捐赠，一般为无偿捐赠，也有有偿捐赠。文物的捐赠体现了公民的文化道德意识和社会文化责任感。

五是考古发掘。对国家藏品而言，考古发掘占了很大比重。一般而言，考古发掘的文物归属感比较明确，地属性较强。但有时为了国家文化需要，也采取了一些文物调拨手段。

相对于国家藏品而言，民间藏品的来源则相对要广泛一些，除了国家法律规定的"文物"以外，其来源的途径不受限制，例如市场购买、亲朋馈赠、藏友交流、日常积累等等，而且可以自由流通。现在国家鼓励民间资本进入艺术品流通领域，民间收藏的有序健康发展，有利于国家文化建设。

二、收藏的标准和原则

自古以来，中国的收藏行为和活动便分为公藏和私藏，即官方意义的收藏和民间意义的私人收藏。公藏体现为国家收藏，古代多为皇室收藏；私藏指民间收藏，私人或家族收藏。从私人收藏看，兴趣和经济资本是现代收藏的重要基础。价值取向不同，收藏的标准和内容也就不一样。官方收藏的标准与民间收藏的标准有很大的不同。

在古代，皇室收藏的标准主要有如下几个特征：一是体现统治阶级权力意志。这首先体现在所谓国之重器、国之至宝等上面。如殷商时期的甲骨文收藏，带有国家历史档案的性质。二是体现一个时代的精英文化，体现精英群体的精神特质。如体现文人意志和审美格调的优秀书画作品便成为重要的皇室收藏品。三是体现皇帝个人的鉴赏水平、情趣爱好，兼收并蓄，各有取舍。如南朝齐萧道成性好文学，精于鉴赏，对所藏文物书画，一一评级，确定标准，不以年代远近而论高低。

民间收藏则体现出与皇家收藏不同的标准和原则，但从某种意义上看，民间收藏又脱离不了皇家收藏的标准。文化的精英性和高端化是所有藏家们追求的目标。

古代民间收藏还体现出具有情感延续的特点——"同族"的情感和乡贤的情感。审美标准也是影响民间收藏的一个重要因素。从书法绘画看，历代确立的艺术品评标准直接左右书画的收藏。如绘画方面，北宋黄休复[①]在《益州名画录》中将绘画分为四品：逸、神、妙、能。但收藏的目的不同，藏家确立的标准也不一样。如元代坚守学术之心的吴镇[②]和趋世所好的盛懋[③]面对藏家出现了两种截然不同的效果，当四方以金帛求盛画者如门庭若市之时，"元四家"之一的吴镇冷静地说道："二十年后，不复此尔。"果然，后来的很长一段时间，直至当今，吴镇成了藏家追逐的目标，而盛懋则相形见绌。可见，坚守学术之心和坚守市场标准也会带来不一样的收藏效果。

"物以稀为贵"长期以来也是古代收藏所遵循的一个重要标准。唐人白居易[④]在《小岁日喜谈氏外孙女孩满月》诗言："物以稀为贵，情因老更慈。"因为"稀"，故而贵，所以追逐，这是收藏的通常心理。但"物以稀为贵"还是要区别对待，不是所有的"稀"都为"贵"。

现代意义上的国家收藏，它有严格的标准和立法，而民间收藏则相对要自由得多。民间收藏在法度上也自觉地接受了国家标准。国家收藏是一种制度，而民间收藏则多是个人的情趣、兴趣、知趣等使然。

收藏标准有多重结构。以文物为例，仅分类上就有按时代分类（如晋唐宋元文物、史前文物、古代文物、近现代文物等）、按地域分类（如中原文物），按存在空间分类（如地上文物和地下文物），按材质特点分类（如陶瓷、玉器、丝绸、漆器、竹木雕刻等），按功能分类（如实用器、装饰器、陈设器等），按性质属性分类（如皇家用器、文人用器、革命历史文物等）。

作为国家文物形式分类主要有两大类：一类是文化古迹遗存，如史前文化遗址、古代建筑、古代寺院、古代石窟、古代石刻等；一类是器物遗存，如纸质文物、石质文物、金属文物、皮革文物等。具体分就有很多类别，如书画、古籍文献、石器、青铜、漆器、丝织品、金银器、陶器、瓷器、铜器、竹木器、骨器、牙器、铁器、铅锌器、玉器等。（如图1-1—图1-4）

[①]黄休复，北宋蜀（今四川）人，字归本，一作端本。约活动于北宋咸平之前。曾校《左传》《公羊传》《穀梁传》。
[②]吴镇（1280—1354），字仲圭，号梅花道人，浙江嘉兴人。元代著名画家、书法家、诗人。
[③]盛懋（生卒年未详），字子昭，临安（今杭州）人，寓魏塘，业画。父盛洪甫善画，懋承家学，善画人物、山水、花鸟。早年并得画家陈琳皴或解索皴，笔法精整，设色明丽。
[④]白居易（772—846），字乐天，号香山居士，又号醉吟先生，祖籍太原，到其曾祖父时迁居下邽，生于河南新郑。是唐代伟大的现实主义诗人，唐代三大诗人之一。

图1-1 水鸟

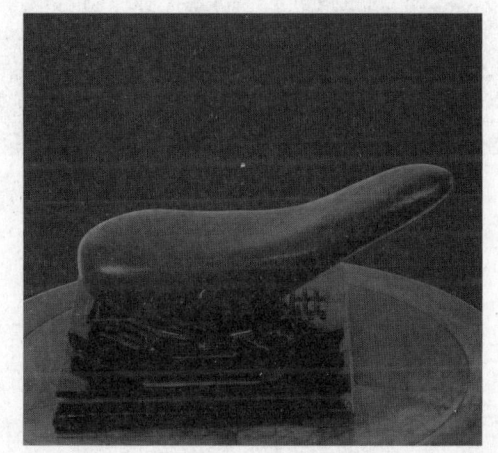

图1-2 司南

图1-3 相拥

图1-4 水天一色

目前我国对文物收藏有一定的标准和原则。文物分为珍贵文物和一般文物，珍贵文物分为一、二、三级文物。具有特别重要历史、艺术、科学价值的代表性文物为一级文物；具有重要历史、艺术、科学价值的代表性文物为二级文物；具有比较重要历史、艺术、科学价值的代表性文物为三级文物；具有一定历史、艺术、科学价值的代表性文物为一般文物。

国家收藏的标准和原则除了延续传统标准外，也在一定程度上收藏符合时代特点的物品，如国家财税类博物馆的藏品、军事博物馆藏品、航空航天博物馆藏品等，这些藏品既体现了时代特点，也扩大了传统国家藏品的范畴。

民间藏品的收藏标准和原则则要自由得多，没有统一的标准和原则，好的藏品、有价值的藏品、有特点的藏品、与众不同的藏品、稀缺的藏品等都是人们追逐收藏的目标。我们很清楚地看到，文化艺术藏品已经不能满足人们的需要，衣食住行等都成了藏品。如服饰博物馆、年糕博物馆、扇子博物馆、剪刀博物馆、十里红妆博物馆、酒文化博物馆、茶叶博物馆、建筑博物馆、汽车博物馆等，不胜枚举。

收藏品的标准和原则，没有绝对的标准，古代藏品多注重文化性、历史性，现代藏品似乎更注重时尚性、趣味性和当代性。

从古代藏品中，我们可以看到清晰的脉络和标准：

第一，玉器、石器。工艺和质地精良，有铭文、款识和明确的时代特征、典型艺术风格的藏品为上。

第二，陶瓷器。典型风格、文化型代表器物，工艺精湛、官窑之器、名窑精品等为上。

第三，铜器类。包括青铜器、黄铜、紫铜、白铜等器。造型纹饰精美、工艺精湛、名款名器为上。

第四，铁器。铁器易锈蚀，因此，铁器作为藏品要求工艺多样精湛，品相上乘，在技术史或文化史上占有重要地位等为上。

第五，金银器。金银器本身有固定的经济价值，因此工艺精良、造型精美、年代准确和名家之器为上。

第六，漆器。大型漆器在古代多为私人的，明清以后多为生活用器和实用器，作为藏品，要求造型、纹饰、工艺、材料等上乘和精美，名匠、名家之器更受欢迎。

第七，石刻、砖瓦等。名家之物，有重要历史文化内涵、雕刻精美、年代久远者为上。

第八，雕塑品。包括石雕、骨雕、牙雕、竹木雕、金属雕、泥塑、瓷塑等，名家雕塑为上。

第九，书画藏品。注重名家之物、代表作、品相、年代久远等特征。

第十，砚台。文房之物，注重名匠、名家、名砚材等特点。

第十一，古籍善本、文书档案、碑拓、甲骨文等。注重历史性，作为文字的重要载体，特别强调史料价值。

第十二，玺印、封泥、符牌等。历代官玺私印、封泥、符牌，注重名家流派、石材等品质。

第十三，家具。宋代以前传世家具很少，明清以后家具要求工艺精湛、材质精良等。其中明式家具为藏家追逐。

第十四，织物。织物的保存也是一个很重要的科技问题。历代工艺精湛、纹饰精美的织锦、刺绣、麻织物等为人所好。

现代藏品的标准和原则则要模糊得多，尤其是私人收藏，有出于经济目的的商业投资，有根据自己的兴趣和爱好来收藏，也有盲目跟风，人家收藏什么我也收藏什么。收藏既是一种乐趣，也是一种责任和义务。不管哪一种形式的收藏，其本身都是很有意义的一件事。

三、收藏方式

中国收藏的方式多种多样。对私人而言，收藏方式往往和个人自身的经济实力、兴趣、爱好、价值取向，甚至居住条件等有很大关系。而国家收藏，便有很强的政治、文化、历史、社会、经济等价值取向。

国家为收藏设置有专门的机构管理，古代国家收藏大多为皇家所垄断，本质上属于皇帝私藏意义上的公藏。现代国家收藏大多以公立博物馆的方式进行。在中国，博物馆分为国家博物馆和地方博物馆，但性质上都是属于国家所有。还有一类是私人博物馆，藏品为私人所有。

博物馆实际上具有两个功能。一是公益性：公益性说明博物馆不是商业性，有教化子民的社会意义。二是研究性：研究性体现的是确立国家精神、塑造民族性格和维护文化传统的重要工具。国家收藏在方式上要严谨得多，要体现一个国家的文化价值观，因此，国家收藏方式上要关注到民族、历史、社会、政治等特性，在藏品的选择上要有延续性、代表性、重要性。(如图1-5—图1-7)

图1-5 博山炉香熏

图1-6 一级官窑

图 1-7 紫陶瓷

如果说国家收藏是聚藏，具有很大的稳定性，那么民间收藏就是散藏，流动性较强。收藏的方式有三种："一是限收，即专藏，就是只限于某一小范围的收藏。二是兼收，即同时收藏一些不同类别或时期的艺术品。三是全收，即几乎是值得收藏的艺术品，在可能的条件下都加以收藏。"从收藏经验看，刚刚涉猎艺术品收藏领域的人往往显得盲目和没有目的性，但随着经验的积累，越来越专门化和理性。从目前看，成熟的收藏家其收藏越来越趋向专题化。专题化的特征有多样性，如同一门类的藏品，如青花瓷器的收藏，或各类碗器的收藏等。再如同一主题性的藏品等。总之，收藏趋向专题化、类型化、理性化等，是收藏越发成熟的重要标志。

第二章 中国瓷器艺术品的收藏与鉴赏

第一节 中国古代瓷器艺术品鉴赏

一、中国古代瓷器艺术品鉴赏

瓷器为中国古代劳动人民所独创,对世界物质文明做出了重大贡献。在经历了长达千余年的原始瓷器烧制经验的累积,在制作技术、窑炉结构、原料选取得到不断改进的基础上,东汉中晚期,成熟的瓷器最先在浙江的宁绍平原创烧成功。由于瓷器在物理性能上比较稳定、耐高温、防潮湿、不受土壤酸碱度的影响,又清洁美观、造价低廉,很快取代了陶器、漆器、铜器等在人们日常生活中的统治地位,一跃成为不可或缺的生活用具而备受喜爱。魏晋南北朝时期,瓷器发展迎来第一个高潮,制瓷业以浙江的宁绍平原为中心,逐步拓展到江苏、江西、福建、湖北、湖南、四川等地,成为南方青瓷器的主产区。北朝时期,北方也开始生产青瓷器。唐代,南方的越窑青瓷器名扬海内外,北方则生产白釉、花釉瓷器,如著名的邢窑白瓷器,开创了"南青北白"的瓷业格局。宋代是中国古代瓷业发展史上的繁荣时期,城市和商业的兴旺、海外贸易的兴起,刺激着瓷器生产的快速发展,瓷窑林立,形成各不相同的体系,诸如北方地区的定窑系、耀州窑系、钧窑系、磁州窑系,南方的越窑青瓷系、龙泉窑青瓷系、景德镇窑青白瓷系等。此外还出现了专门烧制皇室宫廷用具的北宋汝官窑和南宋官窑。元明清时期,江西景德镇成为中国古代制瓷业的中心,釉下青花、釉里红瓷器和釉上各式彩瓷器争奇斗艳,享誉海内外。

中国古代瓷器艺术品关乎人们的日常生活与审美情趣,中国古代制瓷匠人不仅将制瓷技术与绘画、雕塑艺术完美结合,吸收了陶器装饰艺术中的刻画、彩绘、拍印技法,青铜器装饰艺术中的模印、雕镂技法,漆器装饰艺术中的剔地、针刻、漆绘技法等,更将涂于瓷器表面的、原本只是为了满足实用功能的透明釉,发展成各种乳浊釉、颜色釉、结晶釉、裂纹釉、变色釉等,开创了瓷器独有的釉装饰技法。迷人的釉面光泽赢得了文人的赞誉,"类冰""类玉""千峰翠色"是对越窑"秘色瓷"器的讴歌,"粉青""梅子青"是对龙泉青瓷器的表述,"兔毫""油滴""玳瑁"是对宋代黑釉瓷器的形容,"天青""月白""玫瑰紫""海棠红"是对以宋元钧窑为代表的窑变瓷器的描绘。中国古代瓷器是技术与艺术的综合体,高超的成型技术造就了瓷器多样的造型,精湛的装饰技法使瓷器绚丽多彩,装饰题材隐含着中国古代传统文化的丰富内涵。

(一)原始青瓷器艺术品鉴赏

我国的制瓷历史可以上溯到数千年前的商周时期,商代的制陶匠人,在长期烧制陶器和印纹硬陶器的基础上,发明了以氧化钙为主要助熔剂的高温石灰釉,为原始瓷器的创烧奠定了基础。原始瓷器是一种在原料和烧成温度上介于陶器与瓷器之间的器物,虽然摆脱了陶器以黏土作胎、器表无釉、低温烧成的原始状况,但仍未达到成熟瓷器的标准,因釉色呈青色或青绿色,被称为原始青瓷。

作为瓷器必须具备下列三个条件:第一,原料必须是高铝低铁的瓷土;第二,是经过1200℃以上的高温烧成,使胎体烧制致密、不吸水、击之发出清脆的金石声;第三,是在器表施有高温下烧成的釉,胎釉结合牢固,厚薄均匀。商周原始瓷器已经具备了瓷器形成的条件,如原始瓷器所用的原料是瓷土,烧成温度也很高,只是在选料和窑温的控制上,还处于烧制瓷器的低级阶段。它与东汉以后的成熟瓷器相比,烧成温度偏低,胎体没有完全烧结,吸水率和显气孔率都比较高,釉层薄而且容易剥落,制作工艺比较原始。

原始瓷器的产地主要集中在南方地区。经过科学的考古调查和发掘的著名原始青瓷窑址有:江西鹰潭角山商代窑址、浙江德清黄梅山商末西周窑址和火烧山西周晚期至春秋晚期窑址、浙江绍兴越城吼山和富盛战国时期窑址等。

商周时期,原始瓷器在黄河、长江中下游的广大地区都有发现,尤其在江苏、浙江、江西、河南和皖南地区出土最多,器型大多是尊、罍、簋、壶、盂、豆、罐、鼎、杯等盛贮器。

春秋战国时期,原始瓷器的质量大幅度提高,器形规整,壁面厚薄均匀,呈色稳定,釉面为青绿色、黄绿色和灰绿色,釉下拍印纹样主要为大方格纹和编织物纹样。原始青瓷钟、錞于等仿青铜礼器多见,尤以仿青铜乐器的组合闻名。

战国中晚期,原始瓷器生产因受到兼并战争影响,越国灭亡后一度沉寂,至秦汉时期再度复兴,但在胎质、釉色、装饰纹样等方面与前代有了明显的差别。秦汉原始瓷器的胎质疏松、多杂质;釉色变深,呈青绿或黄褐色,釉层变厚;装饰纹样则以弦纹、水波纹、云气纹或堆贴铺兽为主。其产地主要在江苏的宜兴和浙江的上虞、绍兴、诸暨、慈溪、宁波、龙游、武义、永嘉等地,常见器型有鼎、盒、壶、瓿、钫、敦和罐等。

（二）三国两晋南北朝青瓷器艺术品鉴赏

三国两晋南北朝时期除了西晋有短暂的统一外，我国的北方和南方长期陷入分裂和对峙局面。北方少数民族在建立政权的过程中，战乱纷呈，迫使中原的世家大族举族迁徙，渡江南下。南方政权尽管也历经东吴、东晋和南朝宋、齐、梁、陈的频繁更替，但社会相对安定，尤其是南迁人士带来了中原先进的生产技术和文化传统，促进了江南地区经济和文化的发展。制瓷业也正是在这一历史背景下，得到迅速发展和壮大，进入了中国瓷业发展史上的第一个高潮期，南方青瓷器成为整个六朝时期一枝独秀的手工业产品。

三国两晋南北朝制瓷业已经摆脱了对陶器和原始青瓷工艺的承袭，形成了自己鲜明的特色。由于采用了拍、印、镂、雕、堆和模制的新工艺，因而创作出方壶、扁壶、福、谷仓罐、动物形烛台或水盂等新产品；釉下彩绘和褐色点彩丰富了瓷器的装饰技法，开启了后世釉下青花、釉里红瓷器的序幕。茶具、酒具、餐具、文具、容器、灯具、盥洗器和卫生用瓷等，品种繁多，成为一种新的日常生活用具，渗入人们的生活领域，如谷仓、砻、碓、磨、臼、杵、米筛、猪栏、羊圈、狗圈、鸡笼等。南北朝时期佛教盛行，青瓷器表面普遍刻饰莲瓣纹样，这表明佛教文化在制瓷业中打下了深深的烙印。

二、明清时期彩瓷器艺术品鉴赏

釉上彩绘瓷器是指在烧成了的瓷器表面用彩料描绘图案纹样，然后入窑进行低温烘烤而成的瓷器。釉上彩绘装饰手法的源头可以追溯到遥远的史前时期，原始先民在创制彩陶的过程中，认识到一些天然铁矿石、赭石、瓷土等，可以作为赭红、黑、白等颜色，并图绘于史前陶器上，被称为彩绘陶。此后，模仿春秋战国时期漆器造型和装饰的彩绘陶器，在战国、秦汉时期时有发现，而"唐三彩"和宋元磁州窑的"红绿彩"装饰，为明清时期釉上彩绘瓷器生产的繁荣，打下了工艺技术的基础。同时，彩瓷器产品质量的提升还有赖于白釉瓷器白度的提高，一般来说，明代瓷器釉面一个重要的特征是普遍泛青，这样就制约了明代彩瓷业的发展，明代瓷器始终以青花装饰一统天下绝非偶然。清代釉上彩绘瓷器的高度发展，与瓷器白度的提高分不开。只有以洁白的瓷质做底色，釉上彩的色彩美才能得到更好的体现。釉上彩绘装饰技法的发明，极大地提高了陶瓷装饰艺术的表现力，无论是在线条的处理上，还是在色彩的表达上，都形成了与中国传统绘画相似的意趣。

按照釉上彩瓷器装饰所用矿物原料性质与制作工艺技术的不同，一般把釉上彩细分为斗彩、五彩、粉彩、珐琅彩、素三彩、广彩等几大类。

斗彩是釉下青花和釉上彩色相结合的一种彩瓷装饰工艺。它先用青花钴料在坯体上画出一部分装饰纹样，如植物的枝干、叶脉，而花朵部分则要在器物烧成后再用釉上彩料补充完成，即采用斗彩装饰的瓷器必须经过两次装饰和两次烧成才算完成。因此，斗彩的装饰纹样一般都经过预先的设计，规范严谨。目前所知最早的斗彩瓷器出现于明代宣德时期，但只是釉下青花和釉上红彩相结合，装饰效果与青花釉里红相似。真正意义上的斗彩则形成于明成化时期。成化斗彩开创了釉下青花和釉上多种彩色相结合的新工艺，与青花相配的彩色突破了宣德时期单一的红色，一般有三四种颜色，有的甚至多达六种以上，使斗彩成为名副其实、争奇斗艳的彩色装饰。其制作工艺是先在坯体上用青花料描绘花鸟、禽兽、人物的半体，施透明釉高温烧成后，再在釉上用各种彩料凑其全体。

成化斗彩瓷器以天字罐、鸡缸杯、婴戏杯、葡萄杯最为名贵，尤以鸡缸杯为最著名。鸡缸杯在明晚期已经成了经济价值很高的皇家玩物了。北京故宫博物院收藏的明成化斗彩鸡缸杯，杯浅形，敞口，卧足。胎薄体轻，迎光透影，绘画极精。杯内白釉无纹，外壁饰纹可分为四组：一组为兰花柱石，一组是芍药花柱石，其余两组画面相同，各绘子母鸡五只，雄鸡昂首啼鸣，雌鸡啄虫哺雏，三只小鸡在周围觅食。底足内用青花写有"大明成化年制"楷书款。明代嘉靖、万历和清代康熙时期斗彩制作也比较发达，但均无法与成化斗彩相比。

五彩是在已烧成的瓷器上，用多种彩料绘画图案纹样，再在彩炉中以低温第二次烧成。一般以红、绿、黄、蓝、紫五种色彩来描绘纹样。五彩是在宋、元釉上加彩工艺的基础上发展起来的，明宣德已有五彩瓷器，撇口高足，足内中空。外壁上部绘青花五爪龙纹，下部绘五彩鸳鸯两对，嬉戏于莲池中。圈足内书有青花"宣德年制"四字楷书款。五彩可以分成青花五彩和釉上五彩两种，明代的五彩以青花五彩为最常见，釉上五彩较为少见，并且所用彩色以红、黄、绿三色为多。明代五彩瓷器以嘉靖、万历时期的成就最高，并以花纹满密，色彩浓艳而得名。嘉靖、万历五彩瓷器的色彩以红、淡绿、深绿、黄、褐、紫及釉下蓝色为主，彩色浓重，尤其突出红色。装饰题材常见莲池鸳鸯、鱼藻、人物、婴戏和云龙、云凤、云鹤、团鹤纹为主，配以山石、花果、荷叶及缠枝莲、璎珞、回纹等辅助纹样。上海博物馆收藏的明嘉靖五彩团龙纹罐，直口，溜肩，颈部下敛，圈足。通体满绘青花五彩纹饰，自上而下共四层。口沿绘折枝花卉，肩部绘蕉叶纹，近底处绘江崖海水纹。腹部的主题图案为圆形四面开光，各绘江崖海水团龙纹。画面色彩鲜艳，给人以华丽的感觉，纹饰采用"铁线描"的笔法绘就。罐底青花双圈内书写"大明嘉靖年制"六字楷书款。

清代康熙时期，由于发明了釉上蓝彩和光亮如漆的黑彩，明代以釉下青花充当蓝色的青花五彩为主的局面，逐步为釉上五彩所取代，成为彩瓷的主流。与明代嘉靖、万历五彩装饰突出红色不同，康熙五彩装饰突出使用黑彩、金彩、矾红彩。其呈色光艳夺目，质感犹如宝石镶嵌一样坚硬，而被称为"硬彩"。同时，清代五彩瓷器自雍正开始粉彩盛行，五彩瓷器的烧造走向衰落。清代后期五彩只是作为仿古瓷器而生产，为此，五彩也有"古彩"之称。康熙五彩瓷器的装饰题材丰富多样，画面生动传神，除一般的花卉、山水外，大量采用以戏曲、小说为内容的人物故事画。故宫博物院收藏的清康熙五彩花鸟纹尊，侈口外敞，溜肩，圆腹，腹以下收敛，撇足。此器是康熙时创烧的典型器物，因形体高大、壮美，口部形状犹如凤鸟的羽翅一般，故又被称为"凤尾尊"。通体绘荷池夏景。盛开的荷花丛中，彩蝶飞舞，尖嘴的翠鸟栖息于荷叶梗间，悠闲的鹭鸶鸟于水中觅食。整个画面寓意"一路荣华"，是当时常见的吉祥图案之一。画面采用五彩加蓝、加金的新工艺，设色丰富、艳丽，对比强烈。此外，康熙五彩除传统的白地彩绘外，尚有以各种色地，如黄、绿、黑及米色地的彩绘装饰。

粉彩瓷器是在康熙五彩的基础上，受到珐琅彩制作工艺的影响而创制的一种釉上彩新品种，创烧于康熙时期，雍正时无论在造型、胎釉和彩绘方面都得到空前发展，进而取代康熙五彩的地位，成为釉上彩的主流。粉彩装饰的步骤一般是先在高温烧成的白瓷器上勾出图案的轮廓，然后在其内填上一层玻璃白，彩料施于这层玻璃白上。再用干净的笔以画、填、洗、扒、吹、点等技法将颜色依深浅浓淡的不同需要洗开，使装饰的花瓣和人物衣服有浓淡明暗之感。粉彩所用的颜色远较五彩为多，达到十多种。这种用玻璃白打底，用中国传统绘画中的没骨画法渲染，突出了浓淡的立体感，同时因粉彩的烧成温度较低，所用彩色比五彩更多，因而比五彩更娇艳，以淡雅柔丽名重一时。由于粉彩具有较强的艺术表现力，使其在构图和设色方面更多地吸取了中国传统绘画的长处，纹样摆脱了五彩的装饰性而具有绘画性，并且以写实的表现手法来描绘自然形象。

由于彩色的多样化必须有洁白的瓷胎地作衬托，才能彰显色彩的艳丽，而雍正时期烧制的白瓷胎土洁白且薄，釉汁纯净，底足极为光滑细腻，因此，雍正粉彩瓷器成为清代彩瓷器的典范。雍正粉彩瓷器的装饰图案有花鸟、人物故事和山水画，但由于要充分运用胭脂红和黄色、白色渲染的有利条件，则犹以花卉主题为最常见。天津市艺术博物馆收藏的清雍正粉彩八桃过枝盘（如图2-1），胎薄细腻。侈口，弧壁，浅腹平底，矮圈足内书"大清雍正年制"楷书款。粉白光润的瓷胎上，几只红蝙蝠展翅飞舞，一株古朴苍劲的桃树枝繁叶茂，盘根错节，自盘外壁弯曲向内伸展，叶色浓淡不一，随风飘动，八枚嫣红熟透的硕桃悬挂枝头，五个在盘内，三个在盘外浑然连成一体。

图2-1 八桃过枝盘

其构图新颖别致，如同一幅没骨花卉画。此盘为雍正粉彩器的典型之作，其画意生动，寓意吉祥，盘中八桃是取"八仙祝寿"之意，因桃亦称寿桃，象征长寿。另外"蝠"与"福"近音相谐，又寓"洪福齐天"之意。雍正时常在器皿上画八桃纹，乾隆则常绘九桃纹。雍正粉彩不仅白地绘彩，也有在各种色地上彩绘的，如有珊瑚红地、淡绿地、酱地、墨地、木理纹开光粉彩和粉彩描金等。北京故宫博物院收藏的清雍正珊瑚地粉彩牡丹纹双耳瓶，通体以珊瑚红釉为地，其上用粉彩绘黄、白、粉红各色牡丹花及绿色叶片。瓶身呈橄榄形状，颈部饰双贯耳，造型端庄秀美。

乾隆时期，粉彩仍有较大发展，虽然在总体风格上已不及雍正粉彩淡雅，渐趋繁缛，但在彩绘工艺上，突破了单纯的渲染手法，在花卉的画法上先进行勾茎，然后再染色。此外，各种色地的粉彩品种更加丰富，锦地、蓝地、黄地开光粉彩瓷器的制作日渐增多，胭脂红地粉彩、锦地粉彩、黑漆嵌金银丝开光粉彩、茶叶末地粉彩、霁红地粉彩，以及粉彩描金等瓷器是乾隆时期生产的名贵粉彩器。南京博物院收藏的清乾隆蓝釉描金粉彩转心瓶（如图2-2），形体高大，侈口、长颈、丰肩、弧腹，外敞形圈足，由盖、瓶颈、外瓶、内胆、夹层和底盘六个部分组成，先各自分烧，而后由内及外、自上而下依次组装而成。圆拱形器盖上加一红珐琅圆钮。颈部贴夔龙形四出戟装饰。转心瓶分内、外两层，外瓶通体施高温蓝釉，釉上绘多层描金如意云边饰。腹部四面均有圆形开光镂雕山石、松树及卷云装饰，内瓶结构巧妙，工艺精湛，制作精细，可逆时针做360度旋转。人们可以透过外瓶的四个圆形开光镂孔，观看内瓶上所画的粉彩"天子出行图"，其效果犹如走马灯。这是一件乾隆时期的瓷器精品，其造型和制作工艺借鉴了珐琅、牙雕、书画、青铜、玉石以至于园林和小木作等技法，富有艺术感染力。转心瓶是乾隆时期宫廷的陈设器，多为粉彩制品，内瓶常以婴戏或四季风光为题材。

图2-2 蓝釉描金粉彩转心瓶

珐琅彩瓷器是清代康熙、雍正、乾隆三朝极为名贵的宫廷御用器物。先在江西景德镇烧成瓷坯或精细白瓷，然后运到清宫内务府造办处珐琅作，彩绘后烧成。它是在明代"景泰蓝"工艺的基础上发展起来的，最早创始于康熙年间。所用珐琅彩料在雍正六年以前，均从国外进口，此后，清官造办处的工匠开始自炼珐琅彩料，并且比原有的进口料增加了很多色彩品种。

康熙时期的珐琅彩瓷器以小件的盘、壶、盒、碗、瓶、杯等为主，大多是宫中皇帝、嫔妃的赏玩器、供奉器具。康熙珐琅彩器除了一部分用江苏宜兴紫砂胎外，一般都是采用景德镇的素烧过的瓷胎，以黄、蓝、红、豆绿、绛紫等彩色作地，彩绘缠枝牡丹、月季、莲、菊等花卉图案，也有在四个花朵中分别填写"万""寿""长""春"四字的。由于所使用的珐琅彩料较厚，有堆料凸起的立体感，并出现极细小的冰裂纹，因此器底款字一般为红色或蓝色"康熙御制"堆料款，个别是刻字阴文款。北京故宫博物院收藏的清康熙紫地珐琅彩花卉纹瓶（图2-3），敞口、细颈、圆腹、平底，造型端庄秀丽，色彩鲜艳，胎质细腻坚硬，釉面光滑滋润。通体以紫色为地，颈部绘黄彩变形蝉三组，中连三小蝉，画面生动，极富情趣。腹部饰折枝莲花三朵，花卉以三种彩色描绘，黄、蓝、白三色层次分明，立体感较强，色调柔和。底刻"康熙御制"楷书款。

图 2-3　紫地珐琅彩花卉纹瓶

雍正珐琅彩瓷器常在洁白的瓷胎上彩绘，在题材上也一改康熙珐琅彩瓷器只画花卉的单调纹样，描绘花鸟、竹石、山水等内容，并配以书法极精的相应题诗，成为制瓷工艺与诗、书、画相结合的艺术珍品。北京故宫博物院收藏的清雍正珐琅彩松竹梅纹瓶，形似橄榄，胎薄如纸，釉白如雪，在釉面上精工细绘盛开的粉梅，挺拔的翠竹，比粉彩描绘的更胜一筹，碧绿的松枝，加之娟秀工致的墨书题诗和胭脂彩"翔采""多古""香清"三枚印章，展示了一幅"上林苑里春常在"的美妙春光。瓶底青花双圈楷书"大清雍正年制"款。

乾隆时期的珐琅彩瓷器装饰题材除了前代的花卉、花鸟、山水外，人物题材开始增多，甚至出现仿西洋画意的人物画面。北京故宫博物院收藏的清乾隆珐琅彩婴戏双连瓶，瓶体双连式，洗口、细颈、溜肩、圆腹，腹部以下渐收至胫，足微外撇。附宝塔顶式盖，盖顶饰金彩，盖面彩绘垂叶纹样。口边及足边为淡绿色的彩料绘纤细的缠枝菊花纹饰，肩部及足部均以胭脂红彩料绘纤细的卷枝纹为地，加饰吉庆、璎珞纹。腹部绘两组婴戏纹：一组为四婴戏三羊，三只山羊一大二小，一婴骑大羊，一婴手持画卷，另两婴手持梅花和灵芝，两只小羊活跃在婴前。三只山羊驯服善良的样子，令人心情愉悦，可称"三羊开泰图"，另一组是九子婴戏图，其中一婴抱瓶，瓶口飞入五蝠，两婴面向云蝠招手欢呼，一婴手持灯笼如意玩耍，其余者拍手欢乐，表现了"福在眼前""多子多福"的含义。整个画面婴孩颜面娇嫩，服饰华美。此瓶不仅绘饰珐琅彩，还加绘粉彩、墨彩和金彩，真可谓绚丽多姿。瓶底青花横书"大清乾隆年制"六字款。

素三彩的主要特征是色彩中不用红色，以黄、绿、紫三色为主。素三彩的制作工艺是在瓷坯上先按预定的图案进行刻绘，待坯体干燥后，以高温烧成没有上釉的素瓷，再将作地色的釉浇在胎上，待其干燥后，刮下花纹图案中应施其他色彩的地色部分，然后涂上某种色彩，或分别将各种色彩涂布于器物花纹图案的相应部位，再一次低温烧成。成熟的素三彩始烧于明代正德时期。北京故宫博物院收藏的明正德素三彩海蟾纹洗，口内收，丰肩，圜底，底部承以三如意头式足。内壁施青白釉，外壁刻画16只在海水波涛中嬉游的蟾蜍。黄色的蟾蜍，绿色的海水，白色的浪花，构成一幅和谐的蟾蜍嬉海水的生动画面。口沿与三如意头式足施紫色釉，近口沿处有黄彩楷书"正德年制"款。

素三彩瓷器到清代康熙时期发展到顶峰，其彩色除了黄、绿、紫外，增加了当时特有的蓝彩；色地也名目繁多，有浆白、米色、黄、绿、紫、蓝、锦地等色地，而以墨地素三彩最为名贵。其制作工艺与明代相比也有很大突破，康熙素三彩瓷器创用了在素烧胎上直接画彩后罩层"雪白"，再经低温烧成，以及在白釉瓷上涂色地，再绘素三彩的新工艺。南京博物院收藏的清康熙素三彩石榴纹盘（如图2-4），内外均施白釉，盘心和内、外壁均釉下刻画龙纹，釉上绘黄、绿、蓝、紫素三彩纹饰。盘心主题纹饰为石榴和香橼，寓意"多子连元"。纹饰布局繁密，绘画风格较粗犷。盘外壁绘有三朵折枝花卉。底部书青花"大清康熙年制"六字二行双圈楷书款。

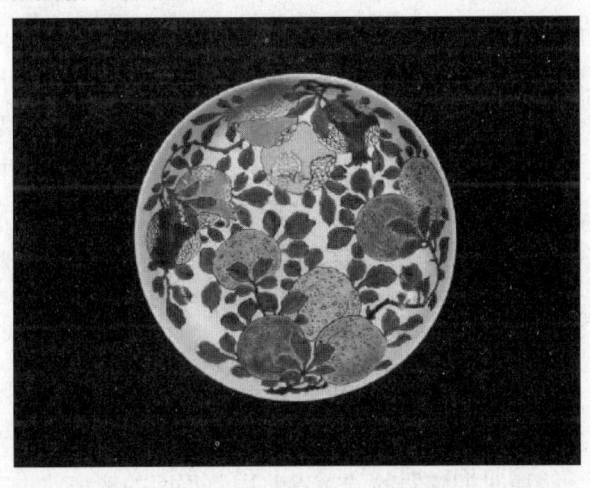

图 2-4　素三彩石榴纹盘

广彩是广州彩绘或广州织金彩瓷的简称，创烧于清代康熙年间，盛于乾隆、嘉庆，至今已有300多年的历史。广彩与粉彩、珐琅彩等彩瓷一样，同属于釉上彩，主要是以江西景德镇生产的素烧白瓷为胎，加彩烘烤而成，另有一些是以广东佛山石湾生产的陶器上加彩烧制。广彩的产生和繁荣主要得益于当时的广州作为中国对外贸易的重要口岸以及商品贸易发达为基础的。当时的瓷器商人为了避免瓷器这样易碎的特殊商品在长途贩运中造成的损坏，便在广州的珠江南岸设立工厂进行瓷器加工以此降低生产成本。瓷器商人先到江西景德镇采购素白瓷胎运到广州的加工厂，然后彩绘烘烤，出售给国外客商。

由于广彩瓷器的主要销售对象是欧美客户，因此其装饰纹样多仿照西方的艺术形式，图案装饰性强，金彩多，颜色用大红大绿等，可谓"绚彩华丽，金碧辉煌"。此外，广彩工匠还按照外国商人的要求，来样定做一些带有外国商标和家族徽章的纪念性器物。广彩瓷器的装饰纹样布局繁密，有满地开光、锦地花心、通连式等样式，甚至还绘有西洋人物和风景；用色浓重鲜艳，对比强烈。

虽然学术界将广彩瓷器的创烧时间确定为康熙时期，但当时的工匠、颜料、素瓷都来自江西景德镇，尚未形成广彩独特的风格。即使是雍正时期，广彩的特色也不是很明显，与当时的五彩、粉彩差别也不大，如广东省博物馆收藏的清雍正广彩开光人物纹瓶，盘口，束颈，弧形腹，圈足稍外撇。颈部两菱形开光，内画青绿山水。口沿、肩部及足下部各饰锦带纹一周。腹部菱形开光内画清装人物小景。纹饰疏朗，露出大片白地，而不是广彩惯用的满地，金彩也只用在口沿处的锦带中，仅以五瓣金花相配，具有广彩瓷器发展的初级阶段的特征。

乾隆、嘉庆时期，广彩瓷器显露出自身独有的艺术特征。由于使用了广州自制的西洋红、鹤春色、茄色、粉绿等彩料，使广彩瓷器彻底摆脱了景德镇彩瓷的影响，显得多姿多彩。同时，在画面上，除了吸收中国传统的装饰题材和技法外，还更多地仿照西洋的画法和图案纹样，形成了广彩独有的艺术风格。广东省博物馆收藏的清嘉庆广彩人物风景纹盘，敞口，弧形腹，圈足，形体硕大。口沿绘金彩璎珞纹一周，盘内画大幅西洋人物和家居风景图：高大华丽的建筑掩映在苍翠的林木间，远处隐约的群山更显秀丽的自然环境。

广彩瓷器的繁荣是在清朝后期的道光至光绪时期。这一时期生产的广彩瓷器将中国传统的工艺成就与欧美的艺术精华相结合，最终形成了绚彩华丽、金碧辉煌、热烈清新、构图丰满、繁而不乱，犹如万缕金丝织白玉的"织金彩瓷"的艺术风格。广东省博物馆收藏的清同治广彩开光人物纹双和耳花口瓶，花瓣形口，折沿，长颈，双鹤作耳。瓶口绘金地花卉，双鹤耳满施金彩，肩部堆贴四条描金蟠螭。瓶的颈部、腹部和近足部均设开光，开光内绘人物故事图。瓶的其余空间满饰花卉、杂宝等图案。此瓶画工精细，色彩鲜艳，充分体现了广彩瓷器的艺术成就。

中国古代瓷器生产自距今3000多年的商周原始瓷器起步，经过长达千余年对制瓷工艺技术的改进、创新，终于在东汉中晚期有了成熟的瓷器，在三国两晋南北朝时期进入发展的第一个高潮，为隋唐时期瓷器的"南青北白"局面的形成奠定了坚实的基础。宋代受到城市商品经济快速发展的影响，制瓷业进入繁荣时期，瓷窑遍布全国，产品种类极大丰富，传统的青釉瓷"类冰类玉"，白釉瓷"类银如雪"，黑釉瓷似"兔毫""油滴""玳瑁"，白地黑花釉下彩绘瓷器、红绿彩瓷器百花齐放，更大数量的民窑瓷器满足了全社会之所需，甚至漂洋过海成为外销瓷器。元明清时期，具有优质瓷土的景德镇烧制青花、釉里红釉下彩瓷器和五彩、斗彩、粉彩、素三彩、珐琅彩、广彩等釉上彩瓷器，中国传统的书画艺术与制瓷技术得到完美结合，迎来了中国古代瓷器争奇斗艳的新时代。

中国古代瓷器是生活实用与审美文化相结合的产物，是制瓷工艺技术与传统艺术要素不断糅合、不断创新的结果，隐含着各历史时期丰富的文化内涵，礼仪文化、文人文化、世俗文化、外来文化等要素成为中国古代制瓷工匠瓷器艺术品造型创作与装饰题材选取的重要素材，体现着他们丰富多样的设计艺术思想。

第二节 中国现代瓷器艺术品收藏

一、现当代陶瓷艺术品价值构成

（一）艺术品价值原理

在当今艺术品受人追捧的时代背景下，艺术品和普通商品有明显区别而独立存在。艺术品作为载体，承载了匠人的制作理念和艺术价值。艺术品是艺术家精神活动的产物，涵盖了精神与物质的双重属性，具有艺术价值和商业价值。人们对艺术品的消费也是基于产品本身的价值，这些交换活动同样是为了满足消费者的需求。艺术品的特性比较鲜明，同时具有审美性和精神性两种属性。艺术品强调精神性，其功利性不能够与精神性同日而语，一件完美的艺术品必定兼具审美价值与商业价值，目前消费市场上受到追捧的艺术品基本上都兼具审美价值与商业价值。把工艺产品推广到市场上具有积极意义，有利于人类社会经济、文化的全面发展。

陶瓷作品与其他艺术品的最大区别就是，陶瓷作品具有一定的实用性和工艺性。陶瓷的实用性在新石器时代就得以体现，随着社会的发展进步，人们开始将陶瓷广泛地应用到实际生活中。中国的陶瓷出口可以追溯到秦汉时期。中国的瓷器一度远销亚洲、欧洲、美洲各地，深受全球人民的喜爱。十六七世纪的欧洲贵族视家里的中国景德镇的青花或釉上彩瓷为珍宝。不过，当时的陶瓷并不著名，署名多为"大明宣德年制""永乐年制"等。当时高精尖的陶瓷工匠和设备材料仅服务于统治阶级，陶瓷制作艺人没有创作的自由，这不利于陶瓷业的发展。清朝后期国力迅速衰败，皇家御窑场也受到牵连。此时，珠山八友等一些优秀的民间陶瓷艺术家异军突起，他们身心自由，了无牵挂，他们的作品都有一定的品位。其实，类似的现象并不常见。他们作为画家，陶瓷作品中竟然融入了文人画的精髓，这是最令人震撼的。非专业的陶瓷艺术家为陶瓷注入了新鲜血液，把陶瓷作品深化到了艺术品的层次。现代的艺术陶瓷结合了生活美、技艺美、实用美以及艺术美，是人类日常生活和艺术生活的深度融合，也是实用功能和审美功能的高度统一，成为传达陶瓷作者意念、情感的媒介。从这些工艺产品中，我们能感受到陶艺家的审美理想和生活情趣。

20 世纪 80 年代，改革开放成为艺术陶瓷创作发展的一个拐点，是现当代陶瓷艺术创新发展的里程碑。此时，艺术陶瓷发展呈现出"百花齐放，百家争鸣"的发展前景，具体表现在以下几点：第一，当代陶瓷艺术研发的领军人物基本上都是我国的工艺美术大师和学院派的陶瓷作家。1978 年以后，当代艺术陶瓷的研发发展基本上都由不同领域的艺术陶瓷大师作为引路人。第二，陶瓷艺术融入了作者的艺术风格。在研发过程中，陶瓷艺术家力图发挥自己的个人风格，艺术陶瓷的研发开始变得更加多样化，拓宽了当代艺术陶瓷收藏的审美情趣和品位。第三，艺术陶瓷的装饰和创作手法不断更新。第四，陶瓷制作的生产技术不断更新。之前那些已经濒临失传的制作工艺如今再次焕发了生机，那些千古名窑（如德化窑、钧窑、汝窑、仿龙泉窑、南宋官窑、磁州窑、景德镇等）的传统技艺得以延续，仿古窑已经达到以假乱真的地步，新工艺和新手法不断推出，历代名窑已经发展成为当代珍品。

1. 艺术品价值的考量和理解

艺术品的价值取决于社会必要劳动时间，劳动生产率的提高会减少社会必要劳动时间。所以，研究工艺品价值量的变动规律，就不能忽略价值和劳动生产率的联系。劳动生产率就是社会的平均生产效率，劳动生产效率提高，相同时间内就可以大幅提高生产量。劳动生产率高，单位生产时间内产生的价值就高，但是价值总量恒定不变，每件艺术品的生产量减少，价值就会变小；劳动生产率变低，每件艺术品的价值就会提高。社会必要生产时间直接关系到艺术品生产者的盈亏和市场竞争的成败。如今是商品经济社会体系，所有的艺术品生产者研发生产的艺术品基本上都要在社会上进行交易，所以它所承载的价值必须能够被社会承认。如果艺术品生产者在生产艺术品时消耗的个别劳动时间超过社会必要劳动时间，这些不必要的损耗社会基本不会承认，艺术品的交易就会陷入停滞。反之，在商品市场中艺术品就会占据有利地位，凭借交易能够获得较大的社会财富。

陶瓷艺术品是艺术发展过程中的必然产物。虽然艺术品具有商品属性，但是我们不能仅把艺术品作为一般的商品对待，原因很简单：艺术品在生产、流通、消费过程中具有特殊性。艺术品价值就是把其独特的使用价值变成能够等量估算对比的经济价值。艺术品的价值最终还是取决于社会必要劳动时间。

2. 艺术品价值内涵

艺术品的特殊价值并不是由消费者确定的，它经历了不一样的生产和研发过程。不管是雕塑作品、装饰艺术品还是绘画作品，都是艺术品生产者参考真实目的物，借助相关的绘画工具、艺术材料研发出来的艺术成果。研发生产过程中的社会物化形态涵盖艺术光盘复制、艺术衍生品、研发摄像录制、艺术图书出版、网络平台传播，这些能进一步地满足大众多方面、多层次的生活需求和消费需求。从艺术到艺术品再到艺术商品，艺术品的每一次转化都蕴含着不同的深意，也增添了更多的价值含义。基于对艺术品和艺术商品转化的理论性分析，辨析艺术品价值与使用价值的区别与联系，并提出以"需求"作为划分艺术品价值内涵与外延的标准，重新对其价值范畴进行分析，解释了当前中国艺术品市场中的文化性价值影响因素和市场性价值影响因素，并认为艺术品的市场性价值影响因素喻示着艺术价值向市场价值的妥协。艺术品生产同一般商品生产没有本质的区别，无非是生产技术复杂程度上不一样。例如，陶瓷研发要比水墨画更加复杂，集体研发的难度也会高于个人研发难度。那么，我们在考察艺术品的价值时，也有必要区分艺术品到底是简单生产还是复杂生产。如果是复杂生产，这里面的教育费用、技术含量和知识水平都大大高于普通生产。而且，这一过程还会耗费更多生产时间、物质资料，代价高得多，所以单位时间内复杂生产的研发比简单生产研发价值量更高。比如，在研发大型雕塑时，每位作者的性格迥异可能导致风格多样，研发手法不尽相同，所以研发时须要各位作者分工明确，各司其职，整体框架、主题、细节都有专人负责，这就构成了一项特别复杂的研发组合。

艺术品的内在价值包括美学价值、社会价值、历史价值、真实价值、精神价值、象征价值等，是艺术品生产者广泛涉猎各个领域的学习技能，将自身的研发思维变成具有深层内容的价值实物。艺术品的外在存在是普通商品所不具备的视觉审美服务，具备艺术吸引力，能够诱导大众的关注和消费欲望，这样艺术品就具备了收藏价值、投资价值和消费价值等，消费者的使用能力、使用心理、获取条件都与艺术品的文化价值、经济价值特征密不可分，否则，一些艺术品就有可能不被认同。艺术品具有独特的审美理念，我们可以把艺术品的内在价值和大众的经济行为联系在一起。艺术品的价值不仅表现为文化价值，还表现为经济价值，实质就是以审美理念确定艺术品的真正价值，从而形成独特的、完整的工艺产品价值结构。

3. 艺术品价值构成的特性

商品的价值是一般人类生产的集中体现，主要是生产者体力和脑力的耗费。艺术品的价值同样取决于生产过程的个体消耗。艺术研发和我们所谓的精神生产相似，但是艺术研发具备独特性，接下来我们将从四个方面分析艺术研发的独特性。

第一，艺术研发反映了社会与时代的独特之处。艺术品要想被认可，须汇集很多匠人的心血，凝结了心血的生产才会获得社会的承认，之后将会变成超越时代的永恒。简言之，这个时代的艺术品存在被埋没的可能，不过经过未来一段时间的沉淀和积累，优秀艺术品终究会被世人所接受和认可。

第二，不论是精神产品还是物质产品，只有被社会承认了才能产生价值，这样的产品才是有意义的。艺术品却不一样，即便不会为大家所接受，最终也可能成为艺术品总价值的重要补充。

第三，艺术品的生产过程通常不会很长，所以大家就觉得艺术品的产量很一般，但是有一个事实要认清，那就是形成艺术品价值所耗费的时间不只是生产过程用的时间，艺术品的构思阶段、准备阶段，甚至是日常的观察阶段和练习阶段，都需要计算在内。

第四，艺术品生产过程中花费的物资也无法和一般的产品相提并论，但是大量的消耗属于脑力劳动，人们经常会忽略这一点。

艺术品的交换价值是有一定标准的，该标准凝结了人类所有的艺术生产，它们的表现形式是具体的，包括特定的文化、经济、审美以及科学价值。因此，艺术品的价值既不是由社会必要劳动时间决定的，也不取决于艺术品的研发活动，它的价值和一般产品的生产价值有着本质的不同。

(1) 艺术品价值构成的一般性

马克思认为生产包括了物质生产和精神生产。艺术品的生产涵盖在精神生产的范畴内，在商品市场里，艺术品和普通的商品一样具备价值和使用价值。首先，我们知道艺术品凝结了艺术生产者的脑力劳动和体力消耗，属于人类生产和艺术生产的双重产物。艺术品作为抽象生产的产物，同样具有价值，这部分价值构成了艺术品价值。其次，艺术品的生产方式比较特殊。艺术品的使用价值取决于生产方式，工艺产品的使用价值能够满足人们审美的需要和精神的愉悦。通常来讲，一般商品的使用价值是价值的承载者，艺术品同样如此。一件艺术品能否卖出高价取决于艺术品是否具有使用价值以及使用价值的大小。艺术品的使用价值很宽泛，涵盖了社会认识价值、思想教育价值、收藏鉴赏价值、情感交流价值、美感愉悦价值等。艺术劳动的双重性决定了产品的双重性，所以，艺术品是价值与使用价值的统一体。

（2）艺术品价值构成的特殊性

艺术品既是一种特殊的物质形态，又是一种独一无二的商品形态。艺术品具有创造性、个别性、耐久性和不可复制性，是艺术品生产者的智慧结晶。这些独一无二的特殊表现为艺术品在商品经济社会获得了社会功能意义和价值存在意义。艺术品是艺术本体与载体的结合体，艺术本体和载体的价值共同构成了艺术品的价值，这就是艺术品价值与一般的物质或精神产品的价值区别所在。

①艺术品本体价值构成的个别性

艺术品本体劳动过程极其复杂，它对精神生产的要求很高，这是一种极富创造性的生产活动，具体表现在独创性、个体性、主体性。社会必要劳动时间无法衡量艺术品的价值，作者凭借抽象意识创造出独立的、个体化的艺术本体价值。社会必要劳动时间的建立基础是社会化生产平均水平，艺术创作不是一种社会化的行为，也无法考证其平均生产水平，所以根本无法与同类产品做有意义的对比。所以，艺术品本体的价值取决于个别必要的劳动时间。市场认同是一种特殊的社会承认方式，在市场交易过程中通过竞价拍卖、讨价还价，最终买方和卖方形成共同的认知，原则是自主选择、互助互益、市场竞争以及供求关系。艺术品生产者在研发艺术品的过程中耗费的资本就是个别必要劳动时间，由智力和体力上的劳动时间共同组成，艺术品的价值最终由个别必要劳动时间决定。在市场的拍卖交易中，这些产品常表现为一人一个价、一件工艺产品一个价。

②艺术品载体价值构成的个别性

创作者通过构思想象创作出艺术品，而艺术品的本体需要现实的载体，有了现实的载体之后才可以流通。艺术品的载体能够使主体传达具体的意象。对于原创的艺术载体而言，创作艺术品载体的劳动本身就是创造，它包含了主体的心理和生理的运动，能够进行物理化学效应之间的转换，生动地传达情感，具有个体化的独特风格。

4. 陶瓷艺术品的价值构成

陶瓷艺术品价值结构主要来源于思想观念，其评价方式产生于广义的文化思想脉络，这是最原始的文化价值鉴定，也为后世艺术品价值评估模式的形成提供了参考。传统文化理念和现代文化思想都认为一件艺术品的价值取决于它的历史学、哲学等内在特质，不能单纯地注重文化的普遍思维，客观细节和绝对唯物论的特质同样十分重要。思想家的价值观念千差万别，不过为了保证人文思想的崇高地位和一致性的文化价值准则，人们在文化价值内涵方面能达成一定的共识。由于近代文化思想的激进冲击，社会学、科学哲学、语言学、精神分析学这些新的论述方法成为传统文明面临的巨大挑战，它们改造了文化价值观念的概念，传统文化逐渐发展成虚实相对的解释理论，而运用单一的思维领域考证时刻发生变化的、多元的价值文化是行不通的。我们应当以人类社会的统一认识和一致的艺术反映理解文化价值观念的存在意义，尽量从细微之处发现我们所追求的审美共识，然后把文化价值观念细化到每个重要的组成部分，进而描述艺术品的特性，最终取得别样的效果。

陶瓷艺术品是目前仅存的融合了观赏、把玩、使用、投资以及收藏的现代艺术品。它包括陈设品、雕塑品、灯具、花瓶、园林陶瓷等，也称为陈设艺术陶瓷。陶瓷艺术品的艺术价值很高，陶瓷艺术品造型生动传神、款式多样，能够运用到投资、收藏、陈设、装饰等方面。陶瓷艺术品把真、善、美的情感融入陶瓷中，不仅能够体现出美感，而且内涵极其丰富。陶瓷艺术品的创作灵感来源于审美情趣，人们只有凭借对生活的理解才能感受得到。

陶瓷艺术品具有区别于大多数艺术品的显著特点。造型是其艺术特征，釉水是其特性。从本质上来看，陶瓷艺术品属于立体艺术、造型艺术的一种。艺术品本身就是独立创作的产品，具有不可替代性，市面上价值不菲的艺术品都具有其独特的风格和审美。而陶瓷艺术品的彩绘艺术主要作为造型艺术和釉水工艺的补充，而非陶瓷艺术品的品质。陶瓷艺术品的价值取决于它可以满足购买人群某方面需求的属性。艺术品的使用价值就是满足大众人群审美的需求，这是艺术品的基本功能。艺术品的艺术价值大小取决于满足人们审美需求的程度，艺术品的产生也是人类文明发展的结晶，其中包含了人类不断改造自然以及对自我认知的引导等。这些都能够很好地引导人们在观赏的同时，受到熏陶和教育。艺术品除了可以给人一种主观意识，还对客观存在产生一定的影响。艺术品来源于生活但又高于生活，当艺术品能够满足人的审美需求时，艺术品会带给人一种积极的态度和愉悦的心情，充实人们的精神生活，艺术品本身的经济和商业价值主要是在审美价值和文化价值的基础上生成的。艺术价值越高的艺术品，其历史性也越强。艺术品不同于其他流通的商品，会因时间的消磨而逐渐贬值，相反只要保管得当，艺术品将会永久存在。

陶瓷艺术品具有较高的艺术观赏价值、收藏价值和附加值，价格也根据档次不同差异很大，这些都是陶瓷艺术品与其他陶瓷产品的区别。陶瓷艺术品所包含的特定艺术内涵和文化故事是其价值的重要组成部分，而其物理价值只占价值的一小部分。除了其观赏性以外，陶瓷艺术品未来的发展趋势会转向其功能性，让实用功能包含在传统的观赏性陶瓷艺术品中，突破传统陶瓷艺术品仅作为陈设用瓷的局限，同时使消费者对陶瓷艺术品观赏和使用的需要得到满足，如今的工艺台灯就是集观赏性和功能性为一体的产品。

陶瓷艺术品是一种独立的工艺产品，它有着自身特性的内在规律性和审美特征，与其他艺术相结合可以丰富其艺术形式，可以使陶瓷艺术品的形式得到延伸。在当代陶瓷艺术品研发者的不懈努力下，陶瓷艺术品已经和装饰、金属等结合在一起，焕发出新的艺术魅力。艺术品市场能够获得一定的发展说明陶瓷艺术品正在走向世界，成为广大收藏家不可忽视的一个全新的收藏热点。

一件好的陶瓷作品必须同时具备艺术价值和经济价值。艺术价值来源于作者的艺术修养、专业基础和他们创作所采用的艺术语言和表现手段，其独有的装饰感让我们有一种美的艺术享受。而经济价值指的是这件工艺产品的销路、材料来源、生产工艺成本、使用价值以及艺术品消费对象的心理。综上所述，陶瓷艺术品的价值具有多重性，除了艺术价值和经济价值外，还包括社会价值、市场价值和历史价值。

（二）艺术价值

我们以前的陶瓷艺术设计是"用"与"美"的统一体现，"用"代表了使用价值，"美"体现了艺术价值。这也是艺术设计的基本原则，这一原则最早在先秦时期开始进入人们的视野。质即本质、实质，精美的设计必须遵循一定的原则，文与质二者能够达到和谐统一，相得益彰。这一点在瓷器造型、釉色、纹饰以及烧造工艺方面能够得以体现。这些瓷器的造型基本上以自然界的花果植物和动物形象为主，我们能从这些形象和情趣中体味出大自然的美感和韵味。古代的文人墨客写出了大批赞美瓷器的诗文，其中很多诗文以瓷釉之美与自然之美著称。瓷器的纹饰以高山流水、鸟语花香为主。古代陶瓷与其他工艺产品一样，能够彰显出人们的审美情趣，并且能够给我们带来一定的视觉感官享受。瓷釉光泽展现出来的清透、温和、含蓄与我国传统文化的审美取向不谋而合，并且符合长期以来形成的瓷器文化理念。作为中国古代工艺美术，陶瓷设计最能体现器物设计的和谐美，无论是实用性、艺术性、趣味性与造型性，还是装饰美与釉饰美都完美地展现出了民族的特点以及文化"旋律"，并为陶瓷艺术品开创了一个全新的境界。无论是深沉的、高雅的，还是理智的、自然的，都是一种全新的尝试。欣赏瓷器艺术的美也就是在体会艺术家的情感，也就是在研究中华民族精神、心理和性格的演变过程，继而将陶瓷工艺这一传统文化传承发扬下去。

陶瓷艺术品是一种文化媒介，它的文化内涵和文化的功能类似。从广义上来讲，文化的功能基本包含这几项内容：一是教化的功能。文化借助它的传播媒介也就是文化产品携带的文化观念和内容影响人、改造人，让他们能适应社会发展的需要。二是控制功能。它的功效之一是导向，在活动时我们都有某种目的，即导向明确。相比之下，陶瓷作品所表达的文化价值直接指明了人们活动的方向。另外，还可以规范我们的行为。从某些方面讲，我们活动的原则源自文化，进而我们的生活就有规律可循。三是社会整合功能。我们有不一样的价值观，通过学习陶瓷作品所表达的文化思想，使我们的价值观趋向一致。四是导向功能。质量好的陶瓷作品可以宣扬正能量，促进社会正向发展；反之，文化作品的负能量也会快速传播。五是凝聚功能。让社会统一，有共同的社会认识。如果有了文化的力量，它会自然而然地影响着认同本民族文化的每一个人，使文化不断传承下去。它的表现有两个方面，一是文化背景一样的人在心理上有亲和力，二是吸收外来文化，或者排斥外来文化。六是审美功能。优秀的陶瓷作品给欣赏者眼前一亮的感觉，给欣赏者带来愉悦感、满意感。

1. 传统陶瓷的艺术价值

在传统文化中，陶瓷文化和整体形象表现的是一种自然美和轻松感。导致这种现象的原因在于，史前时代陶瓷艺术设计更加注重陶瓷设计的自然性质，旨在突出表现一种自然美。新时代的陶瓷艺术对陶瓷设计的艺术较为关注，但没有在陶瓷设计中和传统的陶瓷文化语境充分结合。史前的陶器特别是彩陶艺术，造型设计和艺术表现生动活泼，将人类的纯真和大自然中的美进行了结合。另外，传统陶瓷艺术设计表现出了中国传统文化中的"雅"文化，体现了我国民族文化的元素，其追求闲情雅致时也能将文房器玩与养生之道相融合，注重性情涵养和自我娱乐精神。中国传统陶瓷审美与"意境"也有密切的关联。"意境"属于陶瓷范畴，深深影响着中国文学和雕刻艺术以及陶瓷艺术等。从古至今，我国陶瓷艺术表现了善良美，在造型的塑造上融入了意境美，这是我国陶瓷的主要发展方向。内在精神品质是我国陶瓷艺术的重中之重，精神内涵和外在形态构成了陶瓷艺术的审美体系，可见，陶瓷作品的内外因素是和谐统一的。我国陶瓷审美看重的是形式和内容的统一协调，旨在通过陶瓷形式展现审美品质，体现不同历史时期的审美特征。

2. 当代陶瓷的艺术价值

当代陶瓷艺术设计以传统陶瓷艺术为根本，侧重融合传统陶瓷艺术设计的精华，同时把当代的生活理念和方式融入陶瓷艺术设计中。因此，可以发现，当代陶瓷艺术设计是对传统陶瓷艺术设计的一种拓展和延伸。但是，当代陶瓷艺术设计的发展不能被传统陶瓷艺术审美所束缚，故步自封，应给当代陶瓷艺术设计一个开放的环境，使其逐渐吸收传统陶瓷艺术的精髓，以不更改传统陶瓷制作专业性质和工艺为前提，将陶瓷制作的文化内涵融入当代审美观念和艺术追求中。当代中国陶瓷艺术审美观念实现了由人性到物性的转变。对于传统陶瓷而言，技术和实用是至关重要的两大要素，没有从技术层面上升到精神层面，其内涵价值较为单一，不具有世界性特征。当代中国陶瓷艺术审美趋向于向缺陷美发展，反技术肌理是传统陶瓷工艺中的技术，把它应用到当代的陶瓷艺术中，创作出的陶瓷作品可达到标新立异的艺术效果。

陶瓷艺术原有的审美价值及相应的精神价值，在一定的文化取向及学术评判体系内所体现出的使用价值，均可统称为艺术价值。陶瓷艺术价值主要体现在以下几个方面：一是有审美价值；二是有精神审美消费所应有的使用价值；三是学术层面上的价值，如语言、技术及其表现手法所表现的创造和探索等价值。

从某方面讲，陶瓷的造型是立体的，但是它不属于"纯粹"的艺术品。造型是制造陶瓷品的最根本工作，同样也是重中之重，所以为陶瓷品设计造型时应先塑造形体。另外，与其他艺术品相比，陶瓷有着独一无二的风格，有自己独特的特性。它的最初形象结合了陶瓷原料和工艺的特点，自己就有特殊的材料。上文提到雕刻陶瓷的根本是形体，但是陶瓷的形体并不是陶瓷的整体形象，往往需要经过工艺技术的加工，把陶瓷材料的美表现出来，才能展现出我们所说的整体形象，才是完整的陶瓷。我们知道，陶瓷的材料特殊、珍贵，陶瓷本身也有独特的特性和其他组成要素，进而使陶瓷更加独特，具有不同的艺术气质。把彩绘应用到陶瓷上，更为其披上了一层绚丽的色彩。

陶瓷的艺术美是抽象的，实中有虚，还体现了哲学思想，几乎融合了所有的艺术特点。受众者根据自身道德修养和认识世界的能力等，逐渐了解审美感。人们欣赏这些作品时，对作品的和谐、舒适等艺术语言的反映，被认为是作品的价值。流行先锋和时尚品位以及卡夫卡式的风格使人产生别样的感觉，这些情绪都会影响作品的文化价值。现代和古代的艺术陶瓷，无论是在陶瓷原料还是工艺水平方面都有可比性。

3. 当代艺术陶瓷的美学特点

与古代的艺术陶瓷相比，当代的艺术陶瓷在技术性和艺术性上都有大幅提高。可能有些古瓷藏家会质疑这个观点，可是无论从陶瓷原料还是从工艺水平上，如今的艺术陶瓷都可以和古代陶瓷相比肩。不同人对艺术性有不同的见解，作者的观点是时代的发展会影响陶瓷艺术的审美方向。如今的陶瓷审美方向和之前大不相同，更有时代性，在艺术风格上趋向多元化。不仅有富含古韵的陶瓷作品，还有独具陶瓷家风格的作品；不仅有融合点、线、面以及色的抽象陶瓷作品，还有符合现代人审美的仿古瓷；不仅有融合色彩和线条以及结构表达愉悦美的瓷画，还有田园牧歌式的瓷板画；同样也有融合个人观点的创新陶瓷作品，还有抽象和具象共聚一体的陶瓷作品。

如今的艺术陶瓷审美风格趋向多元化，内容和表现手法上更加丰富，具体特征如下。

（1）多元化审美理想

我国陶艺家分为三类。一是陶瓷学院的教授和毕业于陶瓷学院的大师，侧重于创新，以传统文化为根本，创作出富含传统文化的现代陶瓷艺术品，也有教授借鉴西方的艺术，突出点、线、面的形式美，以突出作品的不同之处；二是世世代代受陶瓷熏陶的陶瓷世家，坚持师法造化的中国工艺美术大师；三是不受传统创作模式约束、经过高等专业训练、把自己的思想融入陶瓷创作中的新生代陶艺家。每位陶艺家都有自己独特的审美，进而创造出不同的作品，也将推动着收藏家的审美价值趋向多元化。

（2）多元化审美标准

风靡一时的官窑瓷器已成为过去式，如今的文化氛围突出的是个性，陶艺家把自己的审美融入陶瓷的创作中，享受其中的乐趣。与官窑瓷器相比，陶瓷作品的风格更多样化，每种风格又带有权威大师的印迹，自然收藏家更喜欢独具风格的艺术品。

（3）多元化审美手法

我国艺术陶瓷的审美方法由简变繁，由单一到各式各样。随着时代的变迁，装饰手法越来越多，如堆贴、印花和釉下彩以及珐琅彩等。同样，装饰审美方法也越来越多，如釉上新彩技法、釉上粉彩技法、釉里红技法和雕刻瓷技法以及现代陶艺技法等。

许多人面对官窑瓷器时往往流露出羡慕和惊叹之情，拍卖的官窑瓷器的价格高得让人惊讶。但是，慢慢地我们发现，如今的陶瓷也深受大家喜欢，其中离不开艺术家的审美观点、工艺水平以及优秀的装饰方法。与古代官窑瓷器相比，现代陶瓷在很多方面更胜一筹。

随着时代的变迁，科学技术越来越成熟，在古代，釉里红只能用来点缀物品，在现代,釉里红的应用特别广泛,例子不胜枚举。如今可制作出堪称典范的陶瓷艺术品的陶艺家有两种:一种是老艺人,他们不仅学习陶艺时间长,还有丰富的陶瓷知识,出神入化的仿瓷更是让人分辨不出,从小学习陶艺,练就了童子功,有高超的技术和工艺,瓷器上的装饰线条经过他们之手更生动形象,老艺人一步步见证了陶瓷的发展,是现代陶艺家群体的独特存在。但是,随着时代的变迁,虽然他们有着高超的技艺和绝品,但很多老艺人的名字正被世人遗忘,老艺人手中的艺术品更时刻被收藏家关注着。另外一种是在传统上进行创新的中国工艺美术大师,他们常年坚持艺术的学习,慢慢地有了高超的技艺,可他们并不呆板,不断在探索中寻找新的路径,创新出有异于传统形式的绘画符号,开创了独具特色的艺术风格。陶瓷艺术家张松茂[①]创作出了如今瓷坛中的巅峰之作,其中离不开他严格认真的态度和高超的技艺。不论是何种风格,他都表现得淋漓尽致,许多作品都是典范之作,如粉彩山水、人物、花卉以及鸟虫等。现代的经典陶瓷艺术品,一定也和精品油画一样,比古代艺术品更胜一筹,是能让后人收藏欣赏的艺术品。

(三)社会价值

我国的艺术品多种多样,陶瓷只是其中一种,但是影响范围最广,是最具代表的品种,它的发展过程体现了多样的中国文化。我们在这个过程中学会了责任、信仰以及道德等概念的社会价值、意义,同样它能联系人们,生动形象地反映社会和人类的生活情况。每个时代的陶瓷作品都表现着每个时代的思想。人们可以更清楚地了解社会情况,促进人们认同感的产生,既稳固了人和人之间的关系,还加强了人与自然的关系,进而可以满足人对生活环境和自然环境以及社会认知等的需求。

每当提到陶瓷的社会价值时,我们就会滔滔不绝,因为陶瓷的社会属性就是它的本质属性。

1.陶瓷是社会生活的反映

人们在生活中不断积累经验,在这个过程中,物质和精神文明相互渗透,文化艺术由此产生,并具有独特的价值和意义。雕塑是艺术中的一种重要形式,它同时有文化艺术的普遍特点。在陶瓷艺术中,这一特点更加突出,陶瓷艺术和我们的生活紧密相关,其审美价值也很高。一方面,陶瓷反映着我们每个时期的精神追求,是物质文明的产物,是人类文明发展过程的见证物。另一方面,陶瓷是精神文明的产物,以陶瓷各式各样的形体和蕴含的意义表现各样的材料美,陶瓷将精神抽象为实物,与此同时,也表现出了制作过程中的灵动美。从某一个角度说,装饰雕塑包括陶瓷,因为要求装饰材料是永久的,所以陶瓷在各方面的影响也是长久的,如纪念、传播以及教育等,它有着独特的作用,是其他艺术形式无可比拟的。众所周知,社会生活是陶瓷产生的价值之源,社会生活的价值精神贯穿了整个陶瓷史和它的市场。陶瓷品有许多种类,每一个陶瓷种类反映了一个时代的生活,是一个时代的缩影,因此具有"与时俱进"的特点。

---

① 张松茂,男,江西鄱阳人。擅长陶瓷粉彩人物、山水、鸟画、雪景。

随着经济的增长，越来越多的人在追求物质的同时还追求精神上的丰富，另外，大众的审美也有了较大提高。新时期新气象，大众对生活环境的要求也越来越高，进而使许多雕塑家得到了充分发挥的机会，将他们的才华展现得淋漓尽致。在美化环境方面，陶瓷的应用非常广泛，有着不可或缺的作用，许多人在室内放置陶瓷品，美化室内环境，衬托古典高雅的气氛，已经有越来越多的人喜爱和重视陶瓷品。

如今有许多人喜欢陶瓷雕饰品，因为它不仅可以给人带来视觉上的享受，还能提高人的精神境界。大多数雕塑品都融入了雕塑家的情感，他们把在生活中的一些经历和感想投入到了艺术的设计中，欣赏者可以通过雕塑品理解雕塑家所表达的感情，从这个角度来说，大众和雕塑家之间的交流是超越空间的。人对于审美的渴望是无止境的，正因为这样，陶瓷家才创造出了各式各样的作品，在这个过程中欣赏者体验到了生命的奇妙和自然的美好，满足了大众的审美需求和探索心理。

2. 陶瓷反映社会生活的全部

艺术品是社会文化表现的一种形式，可以向大众展现文化信息和文化符号，它主要表现的是内容和所包含的社会思想。大众看重的往往是内容和社会思想。

艺术品隶属于个人，每一个艺术品都来自私人。一般的物品和艺术品不同，尽管物品没有得到社会的认可，但如果生产出来，只要大众可以使用到，那么它就是产品，有存在的资格；对于艺术品来讲，如果属于个人，那么它就没有资格，无论形式表现如何，功能好坏，能否在实际中被应用。个人的艺术品获得存在资格的前提是在社会上被广泛认可，并且构成整体的元素。所以，艺术品是社会各界人士通过交流产生的。作为公认的艺术品，其更生动形象地突出了社会共有性。

从某一角度讲，大众对艺术品的了解是体现艺术品价值与意义的关键，并不是由生产者的思想决定的。所以，也可以理解为社会环境和背景关乎着艺术品的生死。这是艺术品的一个根本特点，即只要艺术品经过交易，它就不在生产者所控制的范围了。艺术品经过多次交易，逐渐被赋予新的意义与形式。所以，艺术品本身条件和社会文化主流决定了它的社会价值。

艺术品是体验性产品和注意力产品，在如今的市场中，一个艺术品能否吸引消费者的目光是它是否存在市场价值的关键。在大众追求精神生活时，艺术品的交易体现出了自我扩张，也就是说，在交易过程中持续着自我传播、强化以及增值。因此，艺术品的功能已经超出物质消费领域的范围，进而在社会中扮演着重要的角色，在各方面影响着社会。

陶瓷的社会价值是一种非常宝贵的价值，它对一个社会的政治、经济和教育等不同领域的发展具有重要影响，因此这是一种宝贵的价值，也是社会进步的源泉和动力。

3. 陶瓷造型功能在人类文化中的位置

在陶瓷的发展过程中，不同时期的陶瓷有相同的特点，它们各不相同，有"时运交移，质文代变"以及"歌谣文理，与世推移"的说法，表明时代的变迁影响着陶瓷的变化，无论是功能还是形体。

在陶瓷的发展过程中，无论是原始社会的彩陶陶瓷，还是唐、宋、元以及明等时期的精美瓷器，每个时代的陶瓷都不是偶然产生的，同样也不是生活中经常使用的物品，而是一些优秀的人在实践中为了满足人们需求而推出的。

　　在设计陶瓷的形象时，应同时考虑视觉享受和功能元素，把两者结合到一起，体现美和用的双重功能，但是两者的作用各不相同。文化现象有精神和物质文化。给大众视觉上的享受侧重于精神的表现，实用则侧重于物质的表现。陶瓷的造型表现着一个国家和民族的精神物质文明。在美和用的体现中，两者并不是简易的相加，同样也不是并列关系。陶瓷品一定要先在某种环境中被使用，然后才考虑它的美化。

　　4.情感与环境的统一

　　在造型上，宋代的梅瓶体现出特殊背景下的感情因素。它可以在某一环境中被使用。如果在造型中融入感情，就需要把感情抽象化，表现出广泛的感情。这也是产生实用物的关键，体现出了它的陶瓷规律和工艺美。恰恰证明了工艺美是由造型所传达的感情、风尚以及趣味等体现出来的，而不是物品造型的色彩和纹样等，让物质经由象征，改变为和精神生活相似的环境。由此，我们可以知道宋代的梅瓶造型为什么能让人们身临其境，实现感情和环境的融合。

（四）历史价值

　　随着时代的发展，人们不仅关注物品的实用价值，还关注陶瓷品的历史价值。具有历史价值的陶瓷可以说是陶艺家感情的寄托，将特殊的感情和意义表达在造型上。把抽象的观点具体化，简单而真挚地表达感情。它能扩展描绘的内在含义，产生一种新的境界，也就是意象境界，给人们足够的联想空间；它能够让人联系现实，将暗示性的社会现实理念引入人的大脑。比如，颜色不同表现的意义不同，我们都知道的事物，如鸽子和天平等，都有独特的含义。陶瓷品将这些意义集合在一起，传达出创作者想要表达的感情和寓意，欣赏者在欣赏过程中了解了它的寓意和感情，就证明了陶瓷品被消费者认同的价值，说明陶瓷品有想要传达的意义，进而肯定了它的价值。

　　同样，这也是组成陶瓷文化价值内容的关键部分，每一个陶瓷品的出现都是有历史背景的，也就是说，在创作这个物品的过程中，生活环境怎样，怎样把和历史相关的问题流传下来，是创作者要考虑的问题。随着时代的变迁，经济、文化以及生产力的快速发展，陶瓷品在造型和内容上也有了很大的改变，人们的审美也有了大幅度的提高。民族、地区以及外来文化也会对创造陶瓷品产生影响，每个陶瓷品都表现出独特的风格，有独特的技法和规律等，体现了不同地区的陶瓷风格。陶瓷品不仅是文化的体现，还是科学技术的体现。材料、工艺以及工具的创新，使陶瓷生产者在生产过程中完美地融合了技术，产生了新品种的陶瓷。从某种角度讲，陶瓷产业从古发展至今，是古老文化和现代文化融合交流的过程。

　　恰恰是陶瓷品的经典历史内容、文化以及科学技术的融合决定了陶瓷品的历史价值。

整体来讲，陶瓷作品的历史价值主要体现在两个方面：一方面是作品自身的历史意义，如古代的字画，题材和材质以及作者都是对历史的一种诠释；另一方面是历史价值，即作品不是古代作品，但是作品的题材等具有历史性，进而作品产生历史价值。作品的历史价值主要侧重如下三点：一是在时间和空间上对历史进行诠释，最为直观地表现历史价值；二是陶瓷品的历史性，如题材和主题等；三是在审美上历史感的表达，尽管在上述两点中没有体现相应的历史价值，但是在陶瓷创作过程中和欣赏时表现出的历史性，往往也表现了陶瓷品的历史价值。

（五）市场价值

1. 市场价值的构成

（1）经济价值

艺术市场有很多艺术品交易平台，如艺术展经营活动、博物馆、拍卖会和新闻工作媒体等，也出现了很多交易形式，艺术品可以馈赠、展览、抵押和收藏等，体现了艺术品的经济价值。从某一角度说，以这种独特的交易方式进行合理的商业操作，提高了艺术品的价值，产生了很大的市场效应。按规律讲，艺术品的价格和价值成正比。但是，艺术品的价格是随时变动的，变动依据的是经济水平和市场环境，以及消费者的收入情况。艺术品和其他商品不同，它的背后是文化艺术的体现，其价格的制定需要参考表现的文化价值，既影响交易又会影响消费者的思想，渐渐地构成了文化和经济的联通网，作品文化价值的体现也给交易提供了参考价值。

（2）投资、收藏价值

对艺术品投资，最终想要得到的是经济利润，也就是将资金慢慢转变为艺术品资产。投资者根据自己的喜好和需求进行艺术品的交易，使自己的财产通过艺术品变得更有价值。投资者不但可以经营艺术品产业或者对艺术品的价值进行评估，还可以预测未来艺术品所带来的利润。

当代的陶瓷在制作工艺、艺术价值和造型上持续创新，体现了时代精神，更符合大众的审美，这也是陶瓷受欢迎的原因。随着时代的变迁，大众审美思想也发生改变，出现了许多有时代精神艺术价值的陶瓷品。当代的陶瓷收藏价值不仅要参考投资价值还要参考艺术价值。当代最受欢迎的陶瓷品大都出于工艺美术大师之手。

（3）拍卖价值

从某一方面讲，艺术品的拍卖价值符合收藏价值，通过拍卖消费者可以直接接触艺术品，是一种特殊的交易形式，公开起价进行竞拍，价高者得。拍卖艺术品的价格受以下因素影响：一是经济实力和社会环境影响；二是拍卖师在拍卖现场的发挥；三是拍卖之前的宣传；四是消费者的审美要求和经济水平以及能力。拍卖的艺术品大都是现实中得到认可的艺术品，给收藏者和博物馆许多参考价值，经得起时间和市场的检验。

综上，三种市场价值互相关联，形成一个整体，文化和经济价值体现在多方面，想深层次了解艺术品的价值,就要将它们分解成不同部分。艺术品表现出的文化精髓,引发人们深刻的思考,提升自身的精神境界,进而表现出教育的功能。拟物化的艺术品在交易过程中,体现了历史背景、传统文化和社会活动等,应用到审美服务中,起到了传播文化的作用,肯定了艺术品的独特作用。艺术品的整体价值包括经济价值、所表现的文化思想以及逐渐完善艺术品价值的内容。

2. 陶瓷艺术品的市场价值

(1) 现代陶瓷艺术品的市场价值

随着时代的变迁,经济制度的改变,商品经济的快速发展,陶瓷品渐渐地成为商品,人们越来越关注它的经济价值,经济价值只是陶瓷品价值的一方面。经济价值是一切事物对于人和社会在经济上的意义。陶瓷品的经济价值是它对社会经济的影响。陶瓷品对经济的影响主要有以下几个方面。

第一,陶瓷品价格变动对经济的影响。由于陶瓷品是唯一的,是不可再生资源,数量较少,市场的存在量也较少,又由于一部分陶瓷品被收藏在博物馆以宣扬文化,成为交易品出现在市场上的情况很少,因此,陶瓷品供求量小于需求量。陶瓷品在市场上供求不均衡会导致陶瓷品价格的变动,因此会影响社会经济的发展。

第二,陶瓷品可以用于理财。因为陶瓷品是商品,有独特的性质,所以陶瓷品不仅有消费品的特征,还是不错的理财形式。尽管中国的艺术品有很长的发展史,但陶瓷的交易活动的主要目的是投资理财,从这一点上讲,交易陶瓷品既是消费又是投资。

第三,陶瓷品可以作为抵押品,进行以物换物的交易。随着时间的推移,有时收藏的陶瓷品会升值,有投资的价值。陶瓷品在陶瓷文化中有着重要的地位,推动着陶瓷文化创意产业的发展。

当代陶瓷品有了艺术价值后,才有了使用价值,两者相互影响,相互制约。市场价值受市场活动的影响而变得复杂——除了艺术品的真正价值,还有因市场变化而产生的价格变动,也有人们的认同感对价值和价格的影响。研究市场价值应重点关注三方面:一是频繁关注市场价值而产生的机制;二是多元化的市场价格;三是由非市场化因素引起的各种异化现象。创造陶瓷品成本非常高,批量生产的成本较低,制造者在定价格时需考虑平均成本,因此制造者对陶瓷品市场的预算在很大程度上影响着陶瓷品的价格。

以上对艺术品价格的分析和判断是不严谨的,人们可以采用剖析和系统分析的方法讨论此问题,从而构成可以参考的分析模型,让投资者有更多的资料了解中国艺术品。

(2) 陶瓷艺术品市场的划分

依据艺术品市场的特征,艺术品市场分为高端、中端和低端艺术品市场(图 2-5),下面介绍详细情况。

图 2-5 艺术市场的构成

①低端艺术品市场

艺术创作者数量较多,没有独特的特点,尽管每个作品都是原创,但同一风格的作品相似度很高,很容易被代替,这就是人们常说的低端艺术品的特点。同样是市场,符合一般市场的特点:供给量和价格成正比,需求量和价格成反比。供给和需求决定了艺术品的价格,通常低端艺术品市场是一级艺术品市场,因此艺术品在供需双方都是有幅度的。

②高端艺术品市场

一般来说,高端艺术品是指高级创作者创造出来的,具有多种功能和价值的艺术精品。随着时间的推移,人们可以从高端艺术品中体会到它散发出的魅力和不断沉淀的精髓。然而,这种艺术品的作者大多都已不在人世,所以说这些艺术品也都是唯一、不可替代的精品。这意味着这些艺术品的价格并不随着社会的变化而发生改变,能决定它的价格最重要的因素只有需求。

③中端艺术品市场

中端艺术品介于低端和高端之间,市场中的艺术创作者比较多,同一派别的、有档次的艺术品的替代性比较弱,因此它的供给曲线也是向右上方倾斜的。但是,和低端艺术品不同,它的弹性会稍微降低一些需求曲线,在一定程度上来说是十分复杂的。对于奢侈品品牌中的中端艺术品,它们的价格具有一定的弹性,会随着市场的不断变化而产生相应的改变;对于一些有投资潜力、升值空间很大的艺术品,它们的价格是没有弹性的,但需求收入还有很大的发展空间,这也很好地解释了金融危机对艺术品市场有巨大影响的原因。

二、现当代陶艺艺术品市场和拍卖

（一）现当代陶瓷艺术品的价值与价格

商品具有价值、使用价值和交换价值三种属性。价值是商品的内在属性，它是客观存在的，并不会因为某些人客观的评价而发生改变。使用价值是相对于消费者而言的，它是由消费者的购买能力和购买欲望决定的。交换价值是相对于供给和需求双方而言的，是指商品能够在交易过程中带给供给者利润的能力。

对于现当代陶瓷艺术品的价值和价格而言，由于欣赏者所处的角度不同，所得概念和理解自然就存在很大的差异。从经济学的角度看，价值是商品具有的重要性质，象征着商品在交易过程中能够交换到其他商品的多少，价值通常会通过货币衡量，成为价格。随着经济社会的不断发展与进步，"价格"一词被越来越多的人接受，每次提到价格的时候，人们都会联想到在购物过程中产品的价签。商品生产之后都会经历一个不断完善的阶段，而在发展过程中，价格就是商品发展阶段的产物。有了价格，人们才能根据价格创造出目前流通的货币。现当代陶瓷艺术品由各种价值构成，在市场流通中，陶瓷艺术品需求通过价格这个标准衡量。

综上所述，艺术品定价不是一个抽象的概念，而是一个在"价值—价格"互动机制作用下的价值状态分析结果。艺术品定价必须以艺术品的价值形成分析为基础。

1. 价值分析

马克思认为，劳动根据其不同的属性分为物质生产劳动和精神生产劳动。艺术品的劳动属于精神生产劳动的表现形式，艺术品进入市场以后，就具有了商品的一般属性，即价值和使用价值。一方面，艺术品包含艺术劳动者的脑力劳动和在创作过程中消耗的体能，它是艺术劳动的结晶，是人类在生产和生活过程中创造出来的最具代表性的产品。艺术品作为抽象劳动的产物，同样具有一定的价值。另一方面，艺术品生产还具有某种特殊的生产方式，如作为具体的劳动，既不等同于普通的商品生产，又不同于哲学、教育和科学等其他的精神生产。一般来说，商品的使用价值是对价值更广层次的延伸，商品是否具有真正意义上的使用价值和其使用价值的大小在一定程度上决定着这件艺术品能否以很高的价格售卖出去。艺术品的使用价值是十分广泛的，包含思想教育、社会认识、收藏鉴赏等多方面的价值。这种特点也决定了艺术品的两重性，所以艺术品也是价值与使用价值的统一体。

在新古典经济学中，人们对商品的消费是为了满足自身的某种欲望而采取的交换活动，并且根据商品满足人们欲望的程度而选择是否购买。现当代陶瓷艺术品作为独立的艺术品种类，它在本质上有着十分鲜明的特点，也能在一定程度上与其他艺术形式相结合，形成更新颖的表现形式。因此，现当代陶瓷艺术品的表现形式在无数现当代优秀陶瓷艺术家的不断尝试与努力创作中，逐渐形成了独有的风格。陶瓷艺术品已然与装饰、金属等巧妙地结合在一起，焕发出全新的艺术魅力。从艺术品市场整体的发展趋势看，陶瓷艺术品已经走向世界，被收藏家广泛关注。

据美国心理学家马斯洛（Abraham H. Maslow）的需求层次理论，人们审美需求最主要的体现就是人们对于艺术品的需求，这种需求与普通的产品需求不同，它属于精神文化需求，是较高层次的需求。一件陶瓷艺术品之所以具有满足人们审美需求的功能，在很大程度上是因为它代表着当地独特的文化习俗，同时融入了艺术家独特的情感和思想，它代表着时代的发展与进步，所以在欣赏过程中，欣赏者会因它所蕴含的一系列复杂的情感而被作品打动。这种体验要求欣赏者具有丰富的专业知识和深厚的文化修养，如果想要将其收为己有，还需要欣赏者具备一定的经济基础。因此，对不同陶瓷艺术品的需求体现了消费者的不同社会层次。

现当代陶瓷艺术家创作的作品并不都是商品，只有将作品投放到市场，才会使艺术作品转换为艺术商品，因为这些创作作品都具有一定的交换价值和收藏价值，只有通过流通和交易，消费者才能从中获取利益。艺术品的交换价值不是艺术品的自然属性，只是体现了商品的供求关系。

价格可以被理解为陶瓷艺术品交换价值的货币尺度。虽然艺术品的价格以价值为基础，但在很多情况下，陶瓷艺术品本身的价格并不一定是其价值的体现，而常常是由艺术品理论氛围决定的。当艺术品市场被淹没在这种艺术品理论氛围中时，就算这些艺术品的价值很高、价格很昂贵，也很有可能一文不值。

在现当代陶瓷艺术品市场发展的过程中，如果消费者或收藏家对该艺术品本身的价值没有足够的认知能力，那么就很有可能导致艺术品的价格没有一个具体的波动范围，这对整个艺术品市场的发展具有很大影响。

2. 艺术品价格与现当代陶瓷艺术品定价研究

（1）艺术品价格及决定价格的一般因素

提到价格，人们通常想到的是在消费过程中一件商品所具有的价值。从本质说，价格是围绕价值上下波动的一种从属于价值并由价值决定的货币表现形式。正是因为有了价值，我们才能对价格进行合理的定位。由于商品的价格既是由其价值决定的，又是由货币本身的价值决定的，所以商品价格的变动并不能单一地反映商品价值在市场中的变动。因此，商品的价值虽然是通过价格表现出来的，但是目前的经济市场上仍存在很多价格和价值不一致的情况。商品的价格会受到成本、供求、竞争等多方面因素的共同影响。

①成本因素

成本是营销商品定价的底线，会对价格定位产生一定的影响。商品成本构成的基本公式：商品成本 = 该商品生产过程耗费的物质资料 + 流通过程中耗费的劳动报酬。商品成本一般分为固定成本和变动成本两部分，固定成本不随商品生产产量的变化等比例发生变化，企业想要取得盈利，只能在价格补偿平均变动成本费用之后的累积余额与全部固定成本费用相等之后才行。显然，产品成本是企业核算盈亏的临界点，只有当产品的销售额大于产品成本时，企业才有可能盈利；反之，则亏本。

②供求关系

供求关系是影响价格的另一个基本因素。从某种程度上来说，当商品供大于求时，该商品的营销价格就会变得相对低一点；当商品供小于求时，它的价格就会被抬高很多。当商品的供给与需求持平时，基本上可以达到买卖双方都可以接受的"均衡价格"。此外，商品的价格还会受到供求弹性的影响。需求价格弹性是指需求量对该商品价格变动的反映程度。

③竞争因素

商品的价格还取决于该商品在市场上的竞争。当某商品投入市场时，市场上同其他企业进行竞争的方法主要有三种：第一种是给出低于竞争对手的价格；第二种是与竞争对手保持平衡的价格；第三种是给出高于竞争对手的价格。一个企业究竟要采用什么样的竞争价格，主要取决于其在网络营销市场中处于什么地位。

(2) 艺术品价格影响因素

①供给因素

艺术品的供给价格，是指艺术品生产者确定的合理的价格，出售的数量主要取决于消费者的消费欲望和能力，以及该艺术品本身所具有的价值。

消费者对艺术品价格的影响主要体现在其所具有的购买欲望和购买能力上。另外，艺术品价格还与艺术品创作者的知名度、艺术品的创作周期、艺术品的存世时间和存世量等有很大的关系。首先，在艺术品市场上，创作家的知名度与其作品产生的价值是呈正相关的，也可以理解为艺术家的知名度能够在一定程度上提升其作品本身的价值。其次，创作家创作艺术品的周期与其生命周期息息相关，一旦艺术家的生命终结，那么他创作出来的作品便成为世界上独一无二的作品，这在一定程度上影响着其作品本身所具有的价值，影响着人们对该作品的价格定位。再次，艺术品存世时间和存世量，由于艺术品大多数都是不可复制的，在经过一段时间的沉淀之后，世界上该类型的艺术品屈指可数，艺术品的价格也会随着存放时间的增长而得到相应提升。除此之外，世界上存放时间长的艺术品在很大程度上能体现出那个年代艺术品所具有的独特文化精神，随着时间的流逝，人们开始慢慢关注作品本身所具有的精神内涵。所以，在一般情况下，艺术家的知名度越高，艺术作品的年代越久远，存世量越少，那么这件艺术作品的价格越高。艺术品本身包含的价值主要由艺术品的独特性、创作的唯一性和吸引力等共同决定。

第一，艺术品的独特性。从生产和创作的角度看，艺术品的生产与工业化或标准化的生产是不同的。它是艺术家智慧的结晶，蕴含着艺术家丰富的情感变化，甚至是艺术家灵感的爆发和个人审美的集中体现。这些艺术品的创作者在同一时期创作出来的作品也是具有一定差别的。通常情况下，艺术品是由艺术家在一定的偶然条件下直接进行的创作，导致作品价格会有较大差距。这也使在艺术品市场上，人们对艺术品的价格定位很难有一个完整的标准，艺术品的价格会随着外界一些因素的变化而产生较大幅度的波动。

第二，艺术品创作的唯一性。每一件被创作出来的艺术品都是由创作者在某一个特定的时期独自创作的产物。最为典型的艺术品是绘画作品，一个画家创作的作品往往分为早中晚三个阶段。画家在每一个阶段产生的灵感和思想变化是不同的，导致了他每个时期的作品也有着明显的区别。因此，艺术品的唯一性使其具有稀缺性特点。

第三，艺术品的吸引力。艺术品的价格在很大程度上取决于其本身具有的艺术价值和该艺术品所能吸引的注意力。因此，艺术品吸引力在一定程度上会对艺术品的价格产生一定影响。此外，艺术品的真伪和其在创作过程中运用的技术都会直接影响艺术品的价格。

②需求因素

艺术品的需求指的是消费者以自身能够接受的价格购买艺术品的数量。艺术品的需求受到很多因素的影响，如社会的经济发展水平、消费者可支配的收入、社会的平均文化水平和消费者的社会偏好影响等，其中最重要的两个因素就是社会的经济发展水平和艺术品消费可支配收入。与人们的日常用品消费不同的是，艺术品的消费往往只有在人们最基本的需求得到满足之后，才开始得到进一步的发展，可以说人们的收入越高，投入艺术品方面的费用就越多。如果一个人连自己最基本的生存消费都不能满足，那么他自然不会选择将一部分资金投入艺术品消费。从艺术品市场消费者的购买目的看，消费者主要可以分为收藏者、投资者和投机者。一个合格的收藏者不仅要具有一定的消费能力，同时应该具有一定的鉴赏能力，因为只有这类消费者在进行消费时，才能在一定程度上促进艺术品市场的发展，对艺术品市场的完善和进一步扩大产生促进作用。投资者和投机者都是为了通过交易艺术品获得更高的利润，所以他们不能对市场的发展起到促进作用，相反还会由于某些违背市场发展的行为而阻碍艺术品市场的发展。

不仅如此，艺术品的市场需求还受到艺术品创作者知名度的影响。与商品的价格一样，知名度高的创作者往往能在一定程度上带动其作品的需求量。相反，某些艺术家的名气下降之后，其作品就会出现供大于求的现象，价格也会大幅下降。

③中间商

从艺术品市场的中间商角度看，目前我国艺术品市场上的中间商机构主要有文物商店、拍卖行展示性交易场所和近年来出现的网络交易平台。

第一，文物商店。文物商店通常通过较为聚集的方式形成区域性的交易市场。人们在文物商店采用的交易方式是多种多样的，在最初的发展阶段，文物商店大多数都是以地摊的形式与消费者进行艺术品的交易。这种交易方式的特点是，买家的流动性与卖家的流动性都很强，导致艺术品的成交价格常常受买卖双方讨价还价的能力和买家的一些主观认识的影响，以低价淘到真品和以高价买到赝品的现象在这个市场中常常出现。

第二，拍卖行。在中国艺术品市场发展的过程中，拍卖行占据的地位是十分重要的。艺术品的价格随着拍卖行的地点、声望和拍卖季节而产生相应的变化。从地理位置的角度看，由于北京是我国政治、外交、文化的中心地，北方拍卖行市场的艺术品成交价格在很大程度上影响着全国重要的拍卖行的艺术品成交价。

第三，网上交易平台。网上交易平台的兴起也在一定程度上促进了艺术品的流通和交易。目前，网络上的艺术品交易模式主要有网上拍卖、网络商铺以及艺术家个人网站等。网络商铺以淘宝网为主，上传的收藏品已有几百万件，目前已成为国内最大的艺术品网络商铺区。网上拍卖以嘉德在线为代表，艺术品数量很多，但是网络拍卖的弱点在于诚信很难保证。艺术家的个人网站主要有两种，一种是艺术家自己建立的个人网站；还有一种是艺术家依靠艺术门户网站建立的主页，目前这种方式的成交量较少，因为这种方式下的价格具有不稳定性。

④环境因素

艺术品市场存在于社会中，社会环境对艺术品价格的制定有一定的影响，包括社会的文化因素、经济环境、社会风尚、包装炒作和国家政策等。

第一，文化因素。艺术品价格的制定在很大程度上取决于社会整体文化素质水平的高低。从社会艺术发展角度看，人们的道德素质随着社会经济的发展进一步提升，种种因素都有利于人们培养对艺术品的审美素养。在其他条件等同的情况下，艺术品的消费水平和消费者的文化素质呈正比。消费者的审美习惯也在一定程度上影响着艺术消费的结构和水平。所以，人们受自身的文化素质的影响，产生的审美意识不同；同一艺术品在不同的历史时期或在同一历史时期的不同地域，其价格也会有很大差异。

第二，经济环境。艺术品消费是建立在人们生活水平的基础上的，人们除了生活的必要开支外，还有多余的资金可用于投资才可能出现艺术品消费。随着经济的快速发展，越来越多的中国人加入艺术品投资这个行业中，并且国内消费者对艺术品的需求也在迅速增长，随之而来的便是艺术品的价格越来越高。影响艺术品市场发展前景的还有经济周期。比如，在股票市场低迷阶段，很多人将闲散资金投入艺术品市场，进而促进艺术品市场的发展和一些艺术品价格的提升；在出现经济危机时供给弹性小的艺术品可以继续升值。此外，货币的利率也在一定程度上影响着艺术品的价格，国家货币政策的宽松与紧缩能够影响艺术品市场的发展趋势。如果国家采取宽松的货币政策，那么经济市场中流通的资金就会增多，交易量也会增加。如果采取紧缩的货币政策，那么艺术品市场进入的资金减少，会使成交价格下降。

第三，社会风尚。社会上存在着一些不良因素，如灰色市场和包装炒作的行为都会对艺术品市场的发展产生一定的阻碍，也在一定程度上影响着艺术品的价格。

第四，国家政策。国家可以通过很多途径规范艺术品价格的定位，主要包括加大对艺术产业的监督力度，制定健全的法律法规，规范艺术品市场在经营过程中存在的缺陷，等等。正面因素都会促进艺术品市场的发展，以此推动有关艺术作品的交易和流通。

首先，对于艺术作品的创作者来说，社会对其作品的价值认可需要一定的时间，当他创作的艺术品价格与其价值远远不符时，为了使艺术品的创作者能够继续坚持艺术品的创作，国家应该根据实际情况给予他们一定的补贴。

其次，我国的艺术品市场虽然看上去繁花似锦，但艺术品在市场上交易成功并不等同于艺术家的艺术获得成功。一些成功的艺术家通过交易自己的艺术作品获得了很高的利润，但这也并不意味着他的艺术被人们认可。因此，随着中国艺术市场的不断发展，艺术品已经和金融市场产生了一定的联系，因此应该建立合理的艺术品评价体系，规范整个艺术市场的发展，同时应该与某些专业的鉴定机构合作，建立一套符合中国社会发展趋势和文化特点的中国艺术品评价体系。

国家还可以通过鼓励第三产业发展促进艺术品的发展。随着社会的不断发展与进步，近几年我国艺术品交易场所的增加也为艺术品的交易提供了更多的渠道和机会，这意味着经济结构的变化能够促进艺术品市场的完善。

（二）拍卖对现当代陶瓷艺术品价格的影响

拍卖这一方式在高速发展的中国艺术品市场中很快占据重要地位，越来越受大众追捧。一件艺术品在拍卖时最后的交易价格就是它的拍卖价格，这个价格是各位竞拍者在公平公开的情况下拍得的真实价格，并且是一手交钱一手交货，这个价格能够反映市场上价格趋势的变化。世界"自由市场"价格有多种形式，拍卖价格是其中一种，有四种解释可以说明拍卖价格的形成。

一是马克思的劳动价值说。劳动价值是拍品价格的核心和基础。马克思认为，商品的价值是由社会必要劳动时间决定的，劳动决定商品的价值，而价格是由价值决定的。拍品在进入拍卖市场时本身已经凝结了在生产过程中的劳动。价格围绕价值上下波动，这是价值与价格的关系，在拍品价格的形成过程中价值起到地基的作用，它关系到拍品初始价格的制定。拍卖者根据拍品的价值确定初始价格，在此基础上才有拍卖竞争的合理性。倘若拍卖者没有参考拍品的价值定价，就违背了竞拍行业的规则，也将因此失去竞拍者的信任。长此以往，将导致整个行业的摇摆不定，因此根据价值确定初始价格是最长远、最稳定的选择，也是必然选择。

二是供求理论。艺术品的拍卖价格受到供需伸缩性和拍品稀缺性的影响。马克思认为，劳动时间不能成为价格的尺度，也不能直接充当价值表现。价格和价值只有在供求平衡这个大前提下才是一致的，商品价值的准确货币表现是商品的价格。如果仅仅用生产性成本加费用的定价方式会破坏市场结构和交易方式的优点，稀缺商品的真正价值也不能完全表现出来。

拍品价格的高低取决于供求关系的相互作用，拍品的稀缺性是加剧供给不均衡的主要因素，决定稀缺物品价格最适合的方式就是拍卖。供给与需求伸缩性可以使拍卖场上的艺术品价格升高或降低。当供不应求时，就具备了价格上升的前提条件，也就是物以稀为贵。

三是效用理论。效用理论就是通过主观的价值判断决定竞买动机以及投资方向。效用理论是由新古典学派提出的,他们认为商品价格主要取决于它的边际效用。对拍品价值做出判断,包括以下几种情况:第一,拍品估价师对这件艺术品的评估;第二,买方对这件艺术品的内心看法;第三,在拍卖现场买方对这件艺术品的当下评估;第四,拍卖委托方确定拍卖物的最低价格。每个人心中对拍卖的艺术品都有一个估价,因为考虑的方面各不相同,所以这个价格也不尽相同。商品的效用与稀缺性密切相关。水在供应充足的情况下边际效用低;钻石的产量非常低,极具稀缺性,那么它的边际效用就高。当然,生产者名望的稀缺性也是一样的,该生产者的商品价格就会更上一个台阶。

拍品价格最主要的特点就是具有强烈的情感因素,与拍卖主体对拍品的主观情感倾注、与现场拍卖的情感冲动密切相关。价格制定有三个阶段,分别为"台前竞价""幕后竞价""台上竞价",不仅参与拍卖的竞买人的内心想法不断变化,各拍卖利益相关者的情感也交错变化。

四是议价成交。除了竞拍现场这一方式,在线上销售、实体商场等方式中也有艺术品的交易,因此商品的价格就会受到不同因素的影响,如双方讨价还价的能力、双方对商品的鉴赏能力。

第三章　中国书画收藏与鉴赏

第一节　中国书画鉴赏

一、中国书画鉴赏基础

中国书画是用笔、墨、颜色在帛、布、绢、纸等物体上面,运用勾、皴、点、染、擦、泼等技法,描绘出的一种视觉艺术作品。在世界文化艺术领域中自成体系,有着悠久的历史,更有着优良的传统。

书画鉴赏是鉴赏者对书画艺术作品进行感知、体验、领悟的一种精神享受。在欣赏过程中,对书画作者的艺术风格进行理解和判断,对书画作品的艺术特点进行分析和研究,最终对书画作品的艺术价值进行评估。这些判断、认识、评估是在自己原有认识基础上的一种提升,从而达到一个新的艺术境界,具有净化心灵、陶冶情操的作用。书画鉴赏,不可能瞬间达到应有的艺术审美效果,需要人们长期观察、揣摩、领悟、品味、积累,既要了解其作品的基本情况,包括作品所用的材料、使用的工具、笔法、墨法和设色的基本特点,又要对构图、笔法、墨法等作出微观剖析,细细品味其形象、意境、情调、神韵等,对其创作风格、艺术追求、个性特点等进行宏观评析,形成直觉经验和逻辑判断,才能达到书画鉴赏的目的。

（一）书画鉴赏途径

一是要了解作品的基本情况。了解作品的基本情况,包括所用的材料、使用的工具、笔法和设色的基本特点,对作品的初步"面貌"作一次大致的认识和了解,即"第一印象"。二是要仔细观察、认真分析。主要是对作品的表现手法、主题内容等进行仔细深入的分析,以获得对作品具体形象的认识和理解。三是要深入分析,掌握内涵。从对作品的认识理解中,调动多方面的知识、素养,寻找作品的表现手法与主题内容之间的有机联系,寻找书画家在创作中所流露的心境、情绪和意境,进而由眼前的书画作品联想到同一书画家的其他作品,甚至其他书画家的类似作品,或者是不同意境的作品。对眼前这幅作品的特色和内涵,进一步补充和深化,达到欣赏的目的,为下一步鉴定打下基础。

（二）书画鉴赏基础

书画欣赏的过程，就是为鉴定书画做准备的过程。不难想象，一个不懂得书画欣赏的人，不可能在书画鉴定方面有什么作为。有经验的书画鉴定家大都认为，传统的书画鉴定方法，既有其合理的一面，也有值得注意的地方。过去，老一辈的书画鉴定家，在书画鉴定中，通常把"望气"作为鉴定的依据。所谓"气"，就是作品是否能体现属于书画家本人的艺术创作特点。有经验的鉴赏者能够看出作品是否有"气"，但普通人不能理解这里的"气"在何处，犹似老中医"望闻问切"。启功先生在一篇书画鉴定的文章中提出，书画鉴定有一定的"模糊度"。书画鉴定中的"模糊度"，与一个人的欣赏水平、鉴定经验、人生阅历等很有关系，这就要求我们必须不断提高欣赏水平、积累鉴定经验和扩大人生阅历，来理解书画鉴定中的"模糊度"。

其实，再高明的鉴定家，对于传统书画的鉴定，也并非十分有把握。书画鉴定中最难理解的就是"模糊度"问题，而正确理解"模糊度"这一问题，是关系到鉴定书画真伪、准确性的重要标准之一。解决书画鉴定中的"模糊度"问题，必须要从鉴赏入手。所谓"鉴赏"，就是在欣赏一幅书画艺术作品的同时，要为作品的真伪及其艺术价值作出合理的正确判断。

（三）书画鉴赏方法

一是要善于发现"气韵"所在。要由局部到整体，再由整体到局部，循环往复鉴赏。一幅好的书画作品，其构图、笔法、墨法、设色等一切艺术形式因素，都"不是孤立存在"的，一切艺术形式因素都向着特定的"气韵"集中、凝聚。之所以"不是孤立存在的"，原因是作品具有的自身价值，总是同特定的构图、笔法、墨法、设色等紧密联系在一起。这就是中国书画最能体现为"有气韵的艺术形式"的重要原因。

二是要善于发现"美感"所在。书画艺术的美感，来自作品的气韵生动。"气"与"韵"源自创作者在作品创作中的"意志"和"情感"的流露。"气"，代表气势的阳刚之美。"韵"，代表风韵的阴柔之美。

三是要善于发现"技法"所在。中国书画的创作方法、手段，都以笔、墨、纸、砚为工具材料，把运笔分为落笔、行笔、收笔三个阶段，用中锋、偏锋、顺笔、逆笔、回笔的变化，以提按、顿挫、轻重、缓急来表现曲折多变的线条，追求干湿、浓淡、疏密、虚实的艺术效果，来创作出神采飞扬、气韵生动的作品。

书画鉴赏的因素是多方面的，如作品的多样性、艺术风格的多变性等。就目前对中国书画的鉴定方法而言，还是主要靠目鉴的方法。因而，鉴定的效果与鉴赏者的学识、素养、理解、感悟、情绪等诸多因素有着非常直接的关系，不可能像自然科学判断那样准确。

二、中国书画特点

书画作为一种表现性的艺术，由点画、结体、笔法、章法、着墨、设色等因素构成。

画笔的疾厉、徐缓、顿挫，受书画创作者的主观驱使，以某种形式把书画家的个人生活感受、情感体验、学识、修养、个性等因素完整地折射出来，即"字如其人""书为心画"之说。传统中国书画的特点比西洋画更精深、神奇。其特点是：

第一，在表现形式上，一是传统中国书画不讲焦点透视，不强调自然界对于物体的光色变化，不拘泥于物体外表的相似，而是更多地强调抒发作者的主观感情、生活体验等。二是传统中国书画讲究"以形写神"（顾恺之[1]），追求的是"妙在似与不似之间"（齐白石[2]）的感觉，"绝似又绝非像物者的真通"（徐悲鸿[3]）。而西洋画讲究写实"以形写形"，创作过程中注重画面的整体概括。

第二，在艺术手法及分类上，按照艺术手法划分，中国画分为工笔、写意和兼工带写三种形式。工笔，就是画笔工整细腻，敷色层层渲染，细节明澈入微，用极其细腻的笔触描绘物象。写意，用豪放洗练的笔墨描绘物象的形神，抒发作者的感情，具有高度的概括能力，落笔准确，运笔熟练，得心应手，意到笔到。兼工带写的形式，则是把工笔和写意综合地运用。按艺术分类划分，中国画分为山水、花鸟、人物，主要是以描绘的对象不同来划分的。

第三，在构图布局上，中国书画的构图，一般不遵循西画的黄金分割点，而是或作长卷、或作立轴，长宽比例没有固定格式，但必须能够很好地表现特殊的意境和作者的主观情趣。在透视的方法上，中国画与西画也不一样。透视就是在作画的时候，把要表现的物体在平面上准确地表现出来，使之有远近、高低的空间感和立体感的方法。因透视的现象是近大远小，所以常常也称"远近法"。西画透视一般包括平行透视、成角透视、倾斜透视等，中国画不固定在一个立足点上作画，也不受固定视域的局限，它可以根据作者的感受和需要，移动立足点作画，把见得到和见不到的景物都表现在作品上，也不受时令的界限，这种散点和多点透视方法是西画所没有的。

第四，在用笔用墨上，用笔和用墨是中国字画造型的重要部分。用笔，讲究粗细、疾厉、徐缓、顿挫、转折、方圆等变化，以表现物体的质感，古人早就总结出"十八描"的线条运用法。用墨，讲究勾、皴、点、染互用，干、湿、浓、淡、黑合理调配。中国书画的用墨之妙，在于浓淡相生、干湿并用，浓处精彩而不滞，淡处灵秀而不晦，浓中有淡，淡中有浓，浓又有最浓和次浓，淡又有稍淡和更淡。中国画与书法在工具及运笔方面有许多共同之处，二者结下了不解之缘，古人早有"书画同源"之说。但二者也存在差异，书法运笔变化多端，尤其是草书，要胜过绘画，而绘画的用墨丰富多彩，又超过书法。"笔、墨"二字被当作中国书画技法的总称，它不仅是塑造形象的手段，本身还具有独立的审美价值和艺术价值。

第五，在衣物着色上，也有自己的讲究，所用颜料多为天然矿物质或动物外壳的粉末，耐风吹日晒，经久不变。上色方法多为平涂，追求物体固有色的效果，很少有光影的变化。

---

[1] 顾恺之（348—409），字长康，小字虎头，汉族，晋陵无锡（今江苏省无锡市）人。东晋杰出画家、绘画理论家、诗人。因为他有对文学和绘画方面有很高的成就，于是人们称他为画绝、文绝和痴绝。
[2] 齐白石（1864—1957），湖南长沙府湘潭（今湖南湘潭）人。原名纯芝，字渭青，号兰亭。
[3] 徐悲鸿（1895—1953），汉族，原名徐寿康，江苏宜兴市屺亭镇人。中国现代画家、美术教育家。

三、中国书法鉴赏

书法鉴赏是书法审美的实践活动。一件优秀的书法作品令人百看不厌,给人以美的享受。要能真正领会书法作品中所包含的美学意义和艺术价值,就必须具备一定的欣赏能力。

(一)鉴赏书法的基本规律

书法是综合性艺术。艺术作为一种社会意识形态,是人类以情感和想象力把握世界的一种特殊方式,是人们对现实生活和精神世界的形象反映。书法欣赏是一种特殊的认识活动,有它自身的规律。研究和掌握这些规律,便可找到书法欣赏途径。

1. 书法鉴赏的主观性

书法鉴赏是一种认识活动、思维活动,是一种艺术的再创造,就必然带上再创造者的主观色彩。所谓"仁者乐山,智者乐水",就是人们对这种审美主观性的生动说法。书法欣赏因人而异,各有所爱,有的喜欢"欧体"的险劲美,有的喜欢"颜体"的浑朴美,有的喜欢"柳体"的坚挺美,有的喜欢"赵体"的隽丽美。即使同一个人,随着年龄、文化素养、实践经验、鉴赏能力乃至情绪等变化,对同一件书法作品也会有不同的审美感受。这是由认识的主观性质决定的。应该说,这种现象是正常的。但这也并不等于说书法鉴赏没有一定的标准和尺度。欣赏过程中片面强调欣赏者的主观性而否定书法美的普遍规律,或片面强调书法美而排斥欣赏者的主观意识和判断,两者都是有害的。欣赏者的主观意识和判断,只有建立在相应的书法美的普遍规律基础上,其判断才会显示光华,欣赏才是正确的、有价值的。

2. 书法鉴赏的批判性

人们一般都认为,鉴赏重于情感,批评重于理性,前者是后者的基础,后者是前者的升华。其实不然,就书法鉴赏而言,鉴赏与批评是一对孪生姊妹,伴随鉴赏活动的始终。只要书法作品陈列出来,鉴赏者即使不是行家,也总会评头论足。这种短时间的判断虽然简单、粗糙,但批评的色彩已经相当浓厚了。鉴赏过程中,常常可以见到两种极其错误的倾向:一是赏而不评,把鉴赏看作是非理性的、游戏性的活动;一是评而不赏,把鉴赏看作是纯理性的、批判的行为。由此导致为批评而批评,追求轰动效应,把批评作为封杀的工具;或者为鉴赏而鉴赏,把鉴赏作为吹捧的手段。书法鉴赏中的批评性,在于对作品艺术价值的客观扬弃,肯定其美学价值,赏中有评,评中有赏,这才是全面的、客观的、公正的、正确的书法鉴赏。

3. 书法鉴赏的能动性

人的认识活动具有主观能动性,书法鉴赏也不例外。书法被誉为"有情的图画,无声的音乐"。书法鉴赏也像鉴赏绘画、倾听音乐一样,离不开联想和想象。只有这样,视觉形象才有可能与动感结合起来，使视觉控制转化为动觉控制。要想通过书法鉴赏提高书写水平，也只有依赖这种积极的能动的鉴赏才能实现。然而，仅仅发挥想象和联想是不够的。任何一件书法作品，总是历史的积淀，不但有作者的学识修养、精神气质、思想情感、审美趣味倾注其中，而且总是留有特定的时代烙印。因而，鉴赏书法必须对作者、作品有深刻详细的了解。

4. 书法鉴赏的反复性

书法鉴赏作为一种认识活动，就必须遵循人类认识活动的一般规律，有一个由表及里、由浅入深的过程，这种认识过程并不是进行一次就可完成的，而是不断循环往复，以至无穷。书法是由点画、结体、章法等元素构成的，书法艺术具有相当抽象的特点。鉴赏书法艺术，必须透过这些现象领略其力感、情感、气韵、风格等所蕴含的内在美，需要较长时期的静观默赏和反复的揣摩玩味。书法作品，以形象诉诸鉴赏者的视觉，人们首先感觉到的是作品的外在形式，如书体、大小等，在此基础上，对感性材料进行综合体验，形成知觉形象。由于知觉的刺激而产生想象和联想，对作品进行取舍和补充，如此循环往复，使书法鉴赏者不断提高品位和档次。有时，我们面对一幅作品，粗看似乎平淡无奇，细看才发现有惊人之妙，以至越看越想看，越看越爱看。

（二）鉴赏书法的审美标准

书法创作同绘画一样，追求"形神兼备"。古人云："有功无性，神采不生；有性无功，神采不实。"书法鉴赏，应该把"形神兼备"作为书法艺术美的重要标准。所谓"形"，指书法的点画、结体、章法等；所谓"神"，指书法的神采、风格等。因此，欣赏书法，包括欣赏点画的线条美、结体的造型美、章法的整体美、书法的风格美，乃至由此而形成的全幅作品的风格美。

1. 点画的线条美

一是点，点是线的浓缩，线是点的延伸。传统所说的点画，就是指书法艺术的造型元素即线条。这种线条美就是书法艺术形式美的表现形态之一。在现实生活中，有各种各样的线条，诸如直线、曲线、折线、斜线、波浪线、蛇形线等，这些线条都能通过视觉使人获得某种相应的感受，如水平线使人感到广阔和平静；垂直线使人感到上升、挺拔；曲线使人感到柔和、流动；斜线使人感到危急和空间变化……这是人们在长期社会实践中对客观事物外形重要属性的一种抽象认识。这种抽象本身积淀了丰富的人文观念和情感内容，使线条有可能成为人的审美对象，并在书法艺术中成为具有直观特征的表现语言。书法家便利用线条这种表现性功能和运用笔墨技巧，去表现各种复杂的意境和情趣。点画是原始线条的美化和运用。"精美出于挥毫"，点画的线条美又是通过笔墨来表现的。书法家运用提按、顿挫、轻重、粗细、强弱、徐疾等用笔技巧，结合用墨的枯、湿、浓、淡等丰富变化，使点画线条富有力感和情感的美。

二是线条的"立体感"和"涩感"等。北宋米芾认为,"得笔,则虽细为髭发亦圆;不得笔,则虽粗如椽亦扁"。这里所谓的"圆"即"立体感"。具有"立体感"的点画线条深沉厚重,即使细如发丝,也有"入木三分、力透纸背"之妙;扁薄浮浅的线条,写得再粗,也是像条布带,毫无力感可言。厚与薄是相互比较而存在的。用中锋书写可使线条有骨有肉,出现立体感,厚重的线条也能创造出立体感,让人感觉有很多东西隐藏在里面,就像绘画艺术一样,在平面中塑造立体,拉出"高度、宽度、深度"三维空间。所谓"涩感",是点画线条似乎冲破阻力、挣扎前进的表现,给人心理上的一种力感。

三是线条的节奏感。从节奏感里面发现一种活力,在活力里面体验到生命的价值。书家生命活力体现出线条节奏感的审美价值。线条的起伏、曲直、粗细、快慢都能带来节奏感。任何人都喜欢看有节奏的东西,人的行走有节奏,心跳有节奏,欣赏艺术也应该有审美节奏。

四是线条的呼应。是指点画相互之间的关系,这是使书法线条富有情感的又一重要因素。

2. 结构的造型美

书法艺术的美感,又集中表现在字的结体造型上。因为单个的点画线条本身就很美,再按照整齐一律、对称均衡、对比和谐、多种统一等形式,组合起来,就更加优美。简单的点、画、线在书家的笔下,绝妙生花,姿态万千,变化无穷,含有艺术造型的意趣和哲理,就像画家使用三原色描绘出丰富多彩的图画,音乐家巧妙地把七个音符谱写成美妙的乐章。

3. 章法的整体美

章法也称为"布白",是对空间虚实的艺术处理。实处之妙,皆由虚处而生,"虚"与"实","白"与"黑",相依相生,相映成趣,给欣赏者留有审美想象的广阔天地。成功的章法,集中体现虚实结合的美学原则,邓石如①"计白当黑",便是这一美学原则的具体运用。也就是有笔墨处重要,无笔墨处也重要;字里行间均有笔墨,有情趣。字的空间匀称、布白均匀和字形点画具有同等的审美价值。既然所有空间都是作品的有机部分,对线的结构、对空间的感受,自然也应该包括在内。书法章法还讲究承上启下,左右顾盼,参差变化,以及落款合理,钤印得宜,并注意局部美与整体美的和谐统一。

章法又包括三个要素:正文、款识、印记。一幅完整的书法作品,都是由这三部分组成。正文是章法的主体,需要精心设计和安排。款识和印记也是不可缺少的,不仅内容重要,在形式上也能给主体以陪衬和辅助,犹如红花配绿叶一样,相映成趣。款识用以署名,注明作品所作时间地点、用意以及正文的来历、受书人的姓名等。印记,起到点缀书法作品的作用,同样重要。总之,一幅完整的书法作品必须从内容到形式,到字体,逐一

---

① 邓石如(1743—1805),初名琰,字石如,避嘉庆帝颙琰讳,遂以字行,后更字顽伯,因居皖公山下,又号完白山人、凤水渔长、龙山樵长,安徽怀宁县白麟畈(今安庆市宜秀区五横乡白麟村)邓家大屋人,清代篆刻家、书法家,邓派篆刻创始人。

讲究，才能形成一个和谐的整体，达到理想的意境和效果。

4. 书法的风格美

一幅好的书法作品，不仅仅是一种外在的形式，而且显示着作者的思想意趣和精神气质。所以美学家宗白华[①]说，书法"表达着深一层的对生命形象的构思，成为反映生命的艺术"。风格就是体现在作品中作者的精神、性格、情感、修养等的具体反映。唐朝颜真卿[②]及其弟子柳公权[③]的楷书就有明显区别，颜楷肥厚圆润，而柳楷瘦硬疏朗，反差很大，故后人称为"颜肥柳瘦""颜筋柳骨"。

写手与书匠有区别，书匠与书家也有区别，最大的区别就是书家已经形成了自己的风格，而书匠只是机械的模仿，或者可以说是得其形而不得其神。很多书法家已形成自己独特的风格，有的甚至形成专门书体，如楷书体就有唐楷和魏碑等书体，草书体又有章草、行草、狂草等书体。其作品成为后人竞相学习的范本。我们有时会说"字如其人"即是如此。王右军（王羲之）书法，平和简劲，清新飘逸；颜真卿的作品（楷书和行书），气势磅礴，雄壮豪迈，体现作者刚正忠烈的性格。"楷书四体"（颜、柳、欧、赵），就是以著名的"楷书四大家"（唐颜真卿、柳公权、欧阳询、元赵孟頫）姓名命名的。现代著名的书法家毛泽东、舒同、启功的书法也各有特色，分别被称为"毛体""舒体""启功体"。关于书法的艺术特征主要从两个方面去把握，一是抽象性。在造型艺术中，书法是最具有抽象意味的艺术。它通过"用笔、结构和章法"三种技巧的运用，创造特有的形式美。用笔，有出锋、藏锋、侧锋、方笔和轻重疾徐等；结构，要求每一个字的落墨处与空白处都要安排适当，"四边留白，中间透气"，从而收到虚实相生的效果；章法，是指一幅画的整体结构的法则，它要求安排好全篇的布局。二是形与意的结合。书法是一种抽象表现性艺术，在抽象的形式之中包含着深厚的意识。这种意识是从两个层面体现出来的。第一层面，由于书法要以文字语言为依托，文字语言例如诗词、文章等，本来就具有一定的思想内容，而书法的美与这种思想内容结合起来，就更加富有魅力。甚至在有些时候，书法的文字美过于突出，也会使人忽略文字语言思想内容的文学美。第二层面，书法本身的形态直接体现出来情感意识，因为书法就是书法家的生活体验与情感的艺术表现。

（三）鉴赏书法的一般方法

书法作为文化艺术的一种形式，就有它独特的艺术价值。鉴赏书法，就要遵循它独特的艺术价值规律，来研究、把握、领略。鉴赏书法，应掌握以下几种方法：

[①]宗白华（1897—1986），本名之櫆，字白华、伯华，籍贯为江苏常熟虞山镇。1897年出生于安徽省安庆市小南门，毕业于同济大学，1986年12月20日逝世。中国哲学家、美学大师、诗人，南大哲学系代表人物。
[②]颜真卿（709—784），字清臣，小名羡门子，别号方正，京兆万年（今陕西西安）人，祖籍琅玡临沂（今山东临沂）。秘书监颜师古五世从孙、司徒颜杲卿从弟，唐代名臣、书法家。
[③]柳公权（778—865），字诚悬，汉族，京兆华原（今陕西铜川市耀州区）人。唐朝中期著名书法家、诗人，兵部尚书柳公绰之弟。

1. 从原形到延伸

书法鉴赏需要从实际点画中延伸出并不存在的线条，通过想象，补充完成虚拟的线条，这种需要弥补较多"缺憾"的欣赏过程，正是书法鉴赏令人浮想联翩的关键所在。汉字讲求结构的平衡，这种平衡不是如铅字、美术字那样的平正而是舍弃一部分平正，在不平正中求平正，它是秤的平衡原理，而不是天平的公平原理，这就是书法中的势。被削弱的线条部分变得不平正了，它等待着"势"的延伸来对它进行调整；被加强的线条部分也变得不平正了，过强的部分造成一种新的"势"，即新的延伸，它也需要有弱质的线条对它进行稀释和填补。这种相互补充，恰好是"从原形到延伸"这一欣赏途径的最好注脚。

2. 从静止到运动

书法作品和照片一样，画面上的物象都是静止不动的。我们在观看照片时，可以联想起照片中那些已经完成或将要完成的动作。欣赏书法作品，同样需要通过对书法作品"静"的欣赏，去想象书家挥毫之时所表现的意境，就像正在和古人对话，并从中得到审美享受，也能从中得出优劣的判别。具备这样的还原能力，就能对书家创作时的诸多表现得以准确把握，形成自己的审美判断。

3. 从平面到立体

相对来说，书法的艺术语言还是太简单了，单纯的黑白与点线之间的交织，使书法在形式上很难有一种厚度，它的丰富性与多变性也是相当有限的。同时，人们在生活的审美活动中已经养成了立体式视觉欣赏的习惯，也希望在艺术中保持这一习惯。所以，在平面中表现立体，便增加了表现手段的丰富性，也增强了表现功能的广泛性，这对于书法艺术而言是十分重要的。古人对此有很深的理解，并在立体效果方面提出了种种要求。书法中历来强调"中锋"用笔的美感，正可被看作是这一要求的典型表现。屋漏痕、锥划沙、折钗股、铁画银钩等就是古人对线条立体感的追求和赞美，这种追求既是对线条静态的立体感的描述，也是对线条动态的立体感的描述。不唯如此，结构也有塑造立体感的能力，线条的相叠、相错、相避、相交，在结构上便造成一个立体的空间框架，这正是一种最直接的三维空间效果。我们完全能理解，在线条上如此重视立体感，推之及于章法亦如是。

4. 从明确到朦胧

朦胧美为欣赏者提供的最大价值在于，它不再使欣赏变成一种单向的接受，创作者授予、欣赏者接受，而这绝不是书法欣赏的理解模式。现代意义上的欣赏，渴望在这一过程中发挥自己的活力和理解，不但希望在欣赏中发现对象的美，而且还希望从中发现自己。朦胧美在创作技巧上的要求是含蓄蕴藉、不一目了然。飞白、渗化乃至于意到笔不到、笔断意还连，都是朦胧美在作品中的表现。书法中的从明确到朦胧，实际就是以实笔虚出之。为了开拓表现技巧、扩大精神意境，书法必然不满足于实际点画的有限效果，而试图去探寻无限的韵趣。因此，过于清晰明确的点画，在观感上自然难以传达出书家寄托思想感情的深度与广度，而易使欣赏者在欣赏时采取简单的理解态度，所以书家就要追求"大味必淡""大象无形"等，使欣赏者在欣赏过程中与书家"心有灵犀一点通"。

5. 从抽象到具象

书法作品是书家对自然社会的具体物象通过感悟之后，而书写形成的抽象表现。对这种抽象表现形式的理解，需要运用通感的方式将其还原成具象，这种还原虽然绝大多数情况下不会是复原，但这一过程正是书法欣赏的魅力所在。晋王羲之见樵夫伐木而融章草技法，宋代雷太简闻江声而草书大进，就是视觉与听觉的通感，黄庭坚见长年荡桨而悟笔法，也是视觉与视觉的通感。鉴赏书法也应该能够透过点画、线条，去感悟夏云之多变，去想见公孙舞剑之场景。

四、中国绘画鉴赏

（一）绘画的分类

1. 概念

绘画艺术是运用线条、形体、色彩、明暗、笔触等造型语言，在二度平面物体上创造出充盈着自然生命力的物象与空间，展示现实生活与想象世界的多样景观，表达人类丰富的思想情感。

2. 类别

绘画的种类很多，也有不同的分类方式。根据绘画所使用的工具材料分类，可分为水墨画、版画、壁画、漆画、油画、水彩画、水粉画等；根据绘画所表现的内容或对象分类，可分为人物画、山水画、花鸟画、历史画、风俗画、肖像画等；还可以按照国家或民族的文化传统分类，如中国画、日本画、西洋画等。

（1）中国画

中国画是中国传统绘画的统称，它是用中国特有的毛笔、水墨和颜料等，依照表现形式及艺术法则而创作出的绘画，历史悠久，源远流长，形成了独具中国文化魅力的绘画体系。从广义上说中国画包括中国传统绘画的各种类别，但通常指的是以水为调和剂，以墨为主要颜料的绘画，又可称"水墨画"或"彩墨画"。工具材料为我国特有的笔、墨、纸、砚和绢素等。其中，纸为宣纸，分熟宣、生宣两种。熟宣适于层层敷染墨和彩，用熟宣创作的画往往称工笔画；生宣具有较强的吸水性，笔触纸面即形成水墨或色彩的痕迹，适用范围比较广泛。

(2) 油画

油画是以油为调和剂调和颜料，在经过制作的不吸油的平面上描绘而成的绘画。对于我国来说，油画是外来画种，有人称之为"西洋画"，即它发明并流行于西方，主要在欧洲盛行。

(3) 壁画

壁画是绘制在土木砖石等各种质地壁面上的绘画，绘制所用的颜料多样，具有装点建筑、记载历史、宣传教育与装饰审美为一体的特点，和我国的水墨画联系紧密。根据壁画所绘的场所，可分为殿堂、寺观、石窟等。殿堂壁画多描绘历史人物及神话传说，并有生产、社会习俗等场面，间有山川花木、日月星云等图像。

(4) 水彩、水粉画

水彩、水粉画是以水调和颜料创作的绘画，大多画于纸上。水彩画，借助水对颜料的渗融效果及纸的底色，产生画面的透明感及轻快、湿润的艺术特色。水粉画颜料有一定覆盖力，又易于被水稀释，可用干、湿、透明、厚积等不同表现方法作画，其特点兼有水彩的明快、油画的浑厚。当代的宣传画、广告画多采用水粉材料画成。

(5) 版画

版画是在不同材料的版面上刻画形象后印制而成，它的最大特点是可以连续重复印制。主要有：木刻、铜版画、石版画等。木刻是常见的版画，在枣木、梨木或胶合板上挖掉绘画形象之外的部分，留下有绘画形象的凸版，用油质或水质颜料拓印于纸上，具有造型简括、明暗强烈等特点。铜版画是在铜版上用腐蚀液腐蚀出表现形象的凹线后印制而成，也有的直接用刀在铜版上干刻。铜版画比木刻细腻、层次丰富，主要以光影明暗效果为艺术特色。石版画是用特制的墨笔在石面上作画后进行化学处理，使墨笔画出的形象可以印制在纸面上。石版画也具有层次丰富、表现力较强的特点。与其他画种相比，版画作品的造型往往概括洗练，艺术风格明快、单纯。

(6) 素描

又称单色画，广义上指的是以任意一种材料作单色的描绘；狭义指用铅笔、钢笔、木炭笔等在纸上绘出形象。它一般是画家的写生之作，即面对人物或风景描绘而成，是一种带有研究性的绘画基础训练作品。有时也指画家构思大幅创作的草图。

(7) 新画种

随着科学技术的进步和艺术观念的变化，新的材料、工具不断涌现，新的绘画品种也不断产生。如电脑绘画、全息影像绘画等。另外，绘画中还引用了实物拼贴、浮雕等手段，成为由综合材料制作的绘画。

3. 中国画和油画的区别

中国画（如图 3-1）和油画（如图 3-2）是东、西方两大绘画体系的代表。鉴赏中国画，首先就要分清中国画和油画的共性和差异。二者在创作和审美等方面具有同一性，但在工具、材料、表现主题等方面存在不同点。中国绘画注重意境，重表现、重情感，以线条为主要造型手段，不受时间和空间的限制；而油画则强调形似，重再现、重理性，主要由光和色来表现物象，严格遵守空间和时间的限制。因此对油画的鉴赏，要从历史的角度了解古典油画到近现代油画主题和风格上的流变，建立起衡量画作的"标尺"；对中国绘画的鉴赏，则应从不同的种类出发，领悟山水、花鸟、人物画的特征。

图 3-1 中国画

图 3-2 油画

（二）中国画的艺术特征

1. 散点透视

散点透视即画面中的物象可以随意列置，不受固定的焦点透视限制。如山水画的"三远法"，作画用平远、高远、深远的方式经营山水树石形象和布局，左右远近的景物都能并入画中，从山脚到山顶乃至云际均可融于一轴。

2. 墨分五色

墨分五色即用浓淡干湿变化的墨色表现画中的空间层次和物象特征，画牡丹，墨色能呈现牡丹之红；画绿荷，墨色也能体现荷花的清新之气等。在我国绘画发展过程中，许多画家还创造了"破墨"法，使墨色多变而富有神韵，如以浓破淡，以淡破浓，以湿破干，以焦破润等。后来，又在"破墨"基础上创造了"泼墨"法，大笔饱醮水墨渲染，或端砚倾墨，任墨在绢、纸上晕化成各种形态，然后随墨色诱发的想象，略加勾勒点染，使形象清晰起来，这类作品往往具有不可重复的新意。

3. 线造万象

中国绘画中，线条是对自然物象的抽象。它不仅表达了描绘对象的形，而且表达了描绘对象最本质的特征，同时也表现了作者的情感和情绪。线的长短、粗细、柔刚、顺折等，都能表达不同的感觉。

4. 横竖立轴

画家完成作品后，用纸或绢绫等材料衬托、加边，上下或左右装上木轴，竖式大幅为立轴、横式长幅为手绢，收时卷起，观时展挂。这种卷轴样式，是中国画艺术本质决定的。绘画中，画家往往只描绘出山水的一个局部，未画之处让观赏者产生无限想象。常说的"计白当黑"，就是指空白也是绘画作品的内容，卷轴的上下左右也都留有空白，是画中空白的延续。

5. 诗书画印

诗、书、画、印合为一体是中国绘画作品完美的境界。有的作品寥寥数笔，再配以诗文、印章、题跋等，形式简练粗率，却用意深刻。从形式上看，画中的诗文是画的有机组成部分，何处该以诗文填补，均在画者经营构思之中，画论中称之为"补白"，但补的意义不是填充空白，而是形成书画浑然一体的面貌，显现出统一的意韵。

（三）中国画的四大要素

1. 气韵

气韵是中国绘画艺术领域当中最重要的构成要素，即书画体现的"意"和"神"，它不是实质的、具体的事物，而是书画作品给人们的一种意象。具体体现在作品表现形式的匠心独运和布局安排的别出心裁上，尤其体现在笔墨运用的灵活和巧妙上，使画面能抒发一种主观灵性，描绘一种美的意境，体现一种生活情趣，感官上给人一种美的享受。

2. 笔墨

笔是指擦、点、勾、勒等运笔的方法和技巧；墨是指烘、染、破、积、泼等用墨方法和技巧。笔法讲究长短、粗细、疾缓、曲直、方圆、顿挫、转折等变化，以表现不同物体的质感。笔墨讲求干、湿、浓、淡，用以塑造形体，烘托气氛。在中国画里，笔和墨如同血和肉，只有二者有机结合、巧妙运用，画面才能血肉饱满。

3. 构图

构图即绘画的落笔布局，画面内容所处位置的具体布置和安排，也就是南朝齐"谢赫六法"中的"经营位置"。中国画落幅不讲究焦点透视，勾画不拘泥于外形。历代诸多丹青妙手或因形势需要，或因个人爱好，或因篇幅局限，创造出了种类繁多的构图形式，如长卷、立轴、扇面、册页等。"密不透风""疏能跑马""计白当黑""意到笔不到"等，就是说明中国画"构图意简而气足"的技巧。

4. 设色

设色即如何运用绘画颜料着色。中国绘画颜料主要是矿物质、动物外壳的粉末，色泽明丽，附着力强，经久不变色。我国历代绘画名家不断改进和丰富设色的技巧和方法。与此同时，设色方法一般也要与绘画材料相适应，不同的绘画材料，就要选用相应的且富有表现力的设色方法。

中国画妙在实现气韵生动，重在体现笔墨运用，巧在展现构图别出心裁，要在呈现设色独具匠心。气韵生动是最终目的，笔墨、构图、设色都是实现手段。气韵主要靠笔墨来实现，笔墨主要靠气韵来反映；笔墨完善着构图，构图制约着笔墨；设色以笔墨为依据，笔墨以设色为补充。四者相辅相成，有机统一，构成了中国画的四大要素。

（四）鉴赏中国画的一般方法

中国画讲究"外师造化""中得心源""意在笔先""笔停意存"，未画竹而"成竹在胸"，不写山川而方寸已定。对于如何鉴赏一幅中国画，很多人仅凭感觉来品评，喜欢就肯定，不喜欢就予以否定，是不可取的。因此，面对风格各异的绘画作品，欲获得鉴赏的愉悦，达到鉴赏的层次，需要掌握一定的知识与方法。

一是要多看。绘画作品的视觉空间特征决定了绘画鉴赏的方式是看。因而提高鉴赏能力的首要方法就是看。但不少人有这样的体会，看到了作品，却觉得看不懂。还有称欣赏一幅名作时心情兴奋不已，若有所悟，但想将这种感觉用语言表达时，却觉得言不达意、零碎苍白，甚至无从说起。因此怎样看画，怎样看懂画，是鉴赏所要解决的问题。

二是要善于理解。即设法了解作品产生的原因和背景，作者想要表达的内容，以及作品结构、形式特征等，只有对这些真正理解了，和作者的作品在感情上交流了，才可能做出比较实事求是的判断。鉴赏绘画作品切忌有先入为主的成见，不研究作品，不了解艺术家的意图，鉴赏能力很难得到提高。

三是要善于把握作品特征。作者并非仅仅把绘画留给我们，还会在绘画中把人类的文化精神或个人的情感和理想启示展现给我们。诸多创造了优秀绘画作品的艺术家已随着时间远去了,我们今天面对他们的绘画作品,实际上是面对历史和艺术家思想感情的"化石"。对于作品,尤其是古代绘画遗产,通常要放在它诞生的时代背景中加以品评,并且与前代的、同代的或后代的绘画加以比较,方能找到它在绘画发展史上的准确位置,理解这一幅作品所具有的艺术美的真谛。

四是要善于培养感觉。鉴赏绘画作品的实质不是对作品表面的观看,而是寻找对作品的内心感觉和意识升华。面对画作,作品的整体面貌在瞬间便直逼眼帘。作品的艺术特征触动、撩拨、撞击、刺激着人的感官神经,形成审美的心理活动。鉴赏者感觉的敏锐度与含量决定了鉴赏层次,这就要求欣赏者也尽量像画家一样,具备对绘画形式语言的感受力。

总之,绘画鉴赏是一种见仁见智、原无定法的创造性活动。由于年龄、经历、学识、修养与趣味的不同,同样看一幅画,获得的感受结果自然也不同。因此,在掌握了一定的绘画知识和鉴赏能力后,应充分尊重自己对绘画作品的直觉,把自己的经历、知识与作品所表达的内涵相联系,进而认识、理解作品,这样鉴赏的层次便会不断深化,达到心旷神怡的最佳审美境界。

第二节 中国书画收藏

一、中国书画收藏法则

投入意味着有风险,大投入就意味着大风险。收藏书画一定要有理性,绝不能头脑发热。所谓理性化,就是保持一个清醒的头脑,对主、客观条件有一个清醒的认识,不要让一时的热情冲昏自己的头脑,变得失去理智判断,忘乎所以。理性收藏要做到"四不要","六认知"。

"四不要":一是不要有猎奇心,二是不要跟风抢,三是不要受迷惑,四是不要只顾眼前。

"六认知":一是对国家宏观经济的发展、地区之间经济不平衡对艺术品市场的影响有理性认知。任何国家的经济发展都是一个螺旋式的渐进过程,不可能是直线型的。二是对自己要有理性认知。如对自己收藏的某一类艺术品,掌握了多少相关知识,对其作品风格、时代、特点掌握多少等等。三是对区域性画家的局限性和收藏作品的标准有理性认知。有些收藏家和收藏爱好者专门收藏本地区一些艺术家的作品,这虽然有一定的价值,但从社会历史性、科学技术性、文化艺术性上来说,要大打折扣。四是对文化艺术发展的自身规律要有理性认知。文学艺术的价值不会因经济的快速发展,而变得更加高贵。认清文化艺术的发展还有其自身的规律,需要深入学习研究传统的书画,这样才能发展、创新,艺术品才有价值,空中阁楼的"创新"作品是没有价值的。五是对拍卖业和艺术品市场的泡沫要有理性认知。对任何一个事物,当你对其面貌产生模糊感觉时,就要提高警惕,以防上当。六是对画家及画家的作品、价格有理性认知。收藏某一画家或某一类艺术品时,要了解画家成长状态、创作背景或某类艺术品的历史背景。

二、中国书画收藏选择

21世纪以来,越来越多的人开始对收藏字画发生兴趣。字画投资者和收藏者对各类书画并不是兼收并蓄,而是有所选择的。在选择书画藏品时,有一些必须把握的原则。

一是注意专题收藏。由于名家字画涉及面太广,古今字画,上下数千年,数量庞大,倘若藏家面面俱到收藏,不仅会受到精力的制约,更会受到财力的困扰,即使是国家的大博物馆也不能做到。所以,现代不少收藏家已转向专题收藏。如有按明代、清代、民国、当代等年代来收藏;有按山水或人物、花鸟等题材来收藏;有专收成扇或是女画家作品;有专收进士、状元的书法;有专收当代文人雅士的对联等。

二是注意收藏名家的精品。一个画家一生会创作很多的作品,像张大千[①]、齐白石等大师一生的作品难以计数。在他们的作品中,有代表作、精品,也有一般作品和应酬之作。代表作和精品是画家用心之作,可以代表画家艺术的最高水准。同样在艺术市场上,名家代表作、精品价格往往居高不下。

三是注意收藏流通性好的作品。所谓流通性好,主要指他的字画在市场交易中能迅速变现。对藏家来说,任何一个藏家都不可能只进不出,若是这样,他只能停留在低层次水平上。因此,藏家在吃进藏品时就必须要注意它的流通性优劣。

四是注意保管好字画。藏家吃进字画后,对字画的保管就显得十分重要。因为保管不好,字画被损坏,那么日后若是要抛出,其价格势必要大打折扣。

三、中国书画收藏注意事项

书画收藏,对于一名收藏者或者一位书画持有者来说,必须用心购买,小心收藏,精心保护,方能保存完好,体现其价值。因此,要注意以下几个方面的问题。

---

① 张大千,男,四川内江人,祖籍广东省番禺,1899年5月10日出生于四川省内江市中区城郊安良里的一个书香门第,中国泼墨画家,书法家。

（一）价格问题

书画的定价不受国家物价部门的约束，书画市场漫天要价的现象非常普遍，所以在购买书画时，首先要了解行情，或请内行把关，以免上当。

（二）尺幅问题

书画的销售，有的以幅为计价单位（幅是指常规幅面，即不小于4尺3开），有的则以平方尺为计价单位。所以同一位书画家的作品，幅面越大，其价值越高。如幅面小于4尺3开的小品，其价值就不能与常规幅面的书画相提并论。

（三）真假问题

书画市场可能会存在赝品，购买书画时，应请行家掌眼，以防买来假货。最稳妥的办法是直接从书画家手中购求，或从有信誉的画廊处购买。

（四）品相问题

品相是指书画的"相貌"状况，是影响书画价值的重要因素。如果购买古旧书画，更应注意"品相"问题。

（五）裱工问题

裱工是指书画裱件的装裱质量。有的书画裱件做工粗糙，或不平展，或残脱，或有折痕，或受湿受污等，这些情况不但影响悬挂和欣赏，而且危及书画的寿命，削弱书画应有的价值。

（六）题款与用印问题

有的书画有款无印或有印无款，或无印无款，或虽有款有印，但却是借盖他人闲章者，还有题上款者等，因不能算作完整的作品，所以其价值便大打折扣。同样的作品，长题或题诗者比穷款者价值应高一些。在古旧书画中题上款者并不影响其价值。假如上款本身又是名人的话，反而更具价值。

（七）鼎盛时期问题

每位书画家一生都有创作的鼎盛时期，这一时期的书画作品，已经形成作者的风格，并能反映其应有的艺术功底和艺术水平。而书画家早年的临摹作品或成名前尚未形成个人风格的作品以及晚年体弱多病、气力不支之时的作品等，其价值不能与其鼎盛时期的作品同等看待。

（八）质地问题

书画的质地是指作书作画所用的纸或绢，也称作"地子"。书画质地的质量、使用效果及其寿命都是影响书画价值的因素。例如同一位名家的作品，质地是上好宣纸者，其价值应高于其他纸张。

（九）代表作问题

所谓代表作主要是指书画家擅长的项目，如齐白石画虾蟹、徐悲鸿画马、黄胄画驴、李可染画山水或牛、吴作人画熊猫或骆驼等。对书家而言，有的以草书见长、有的以篆书见长等，如果书画家的作品不是其擅长的项目，其价值就会稍逊一等。

（十）水平问题

书画艺术水平的高低是衡量其收藏价值的基本因素，名家之作也未必幅幅都是精品，如应酬之作、败笔之作等，便无法体现其应有的艺术水平，因而与精品的价值也大相径庭。

四、中国书画收藏管理

名人字画的收藏进入寻常百姓家，比如书画家的义卖、友人的馈赠等，使民间的收藏活动日益火爆，方兴未艾。客厅、卧室、书房等，挂上一幅好的字画，足以使家里蓬荜生辉。但是收藏字画多了，有时也会添几分烦恼，稍一疏忽，有的书画被虫蛀了，有的书画发霉变质了，如此等等，使收藏书画丧失原有价值，造成不可挽回的损失。由此看来，光是收藏还不行，还需要保养，这两者是缺一不可的。因此，一定要保养好收藏的书画。

（一）收藏时最好不要装裱

每打开一次书画，实际上就增加一次损耗，装裱的糨糊或其他胶质物也容易招惹虫蚁和产生霉变，直接以画心保存则更有利于长期保护。对没装裱的书画，一是要分门别类折叠起来，装在档案袋中保存；二是要卷作桶状加以保存；三是要制作一个有塑料拉链的真空包装袋，将书画卷起来，放进袋子内。每隔三四个月都要拿出来，分摊开来，放在太阳直射不到的地方晾。

（二）装裱一定要找装裱行家

装裱的学问很大，一定要用手工装裱。若因价格便宜装裱，或偷工减料，或用机器装裱，或是装裱时间不够，或是装裱技术不过硬，书画发生了霉变等，都会造成无法挽回的损失。不少人以为书画装裱后便万事大吉，把这些作品放入保险柜，秘而不宣。实际上这种做法也是不对的。书画装裱后，最好挂放一段时间，然后存放起来，这才是一种正确的保存方式。

（三）营造相对稳定的放置场所

收藏场所，要保持相对稳定的温度、干湿度和避免日晒风尘等。书画切勿悬挂在阳光直射的地方，宜搁置在阴凉、干燥、通风的地方。黄河以北，天气干燥，适宜保存。黄河以南，天气多雨，气候潮湿，书画悬挂时间过长，容易出现黄斑点。书画绝大多数都是宣纸所为，有的装裱成立轴，有的装裱成横幅、手卷等。这些书画最怕的就是梅雨季节受潮、炎日暴晒等。要每隔二三个月，选择天气好的日子，通一下风，隔一年左右，打开晾一次，以适应书画的长期保存。

（四）悬挂字画要细心

书画灰尘需用鸡毛掸子轻拭。生霉严重的书画，需要用鸡毛掸子清扫霉斑，切忌用橡皮擦去擦。一旦被昆虫咬破，要及时修补托裱。

（五）梅雨季节不宜挂字画

雨季到来前，必须将书画收起来。收之前要彻底地通风透气，然后紧紧卷起，放在密封的画匣里。贮藏书画的柜子、箱子密封性能一定要好，在箱子的四角放一些樟脑丸。书画适宜用牛皮纸包好收藏。在空气湿度大的天气，不要开启箱、柜，更不要打开书画。

（六）配备必要的器具和设备

多数收藏者都配备有专门的藏画柜。藏柜选择木质为佳，尤其樟木最好，因樟木特有的气味可以预防虫蚁。藏柜中应有层格分开，避免藏品积压受损。没条件配备专门藏柜的，则要购买樟木箱或其他坚硬木箱来存放。书画作品收藏前，最好先用旧报纸包卷，然后再装入锦盒或画筒中放入箱柜。旧报纸有吸湿性，其油墨也有驱虫蚁的作用。箱柜中最好放置一些天然樟脑丸或高档薰衣草来驱防虫蚁，千万不要使用合成驱虫剂或化学芳香剂，因其化学成分容易伤害画作。书柜要经常通风，降低温度。在雨季到来前密封藏柜，雨季后通风晾干。既要注意防止书画受潮霉变，又要防止烈日暴晒使纸张变色发脆。

（七）放在专用的收藏设施内

一些上档次和成规模的大藏家和博物馆会配置专门的库房和专业人员对藏品进行收藏保护。收藏的器具，有保持恒温、恒湿的空调和抽湿设备、消毒烘干设备及防盗器材等。当然，其保管成本也比较大。对于普通收藏者和一般藏品来说，收藏保护成本的付出应与藏品价值相协调才合理，未必追求极致。

收藏字画是一种高雅的行为，既提高人们的文化修养，也提高人们的欣赏品位。换言之，也是一种无形的增值财产。因此，如因保管不当而带来损失，那将是十分遗憾的。

第四章　中国玉器艺术品的收藏与鉴赏

第一节　中国玉文化基础概述

一、中国玉文化源流

（一）玉器历史源远流长

说到中国古代文明，总离不开中国的玉文化。我国是世界上用玉最早，且绵延时间最长的国家。在古代，玉器是早于瓷器出现的，甚至早于瓷器的"母亲"陶器。所以，中国素有"玉石之国"的美誉。

关于中国古玉器的历史，目前学术界有多种说法，有的说7000多年，有的说8000多年，还有说10000年的。

过去专家大多认为玉文化起源于8000多年前，玉器时代在距今6000年到4000年之间，此后玉器与铜器并用了约1000年，玉器盛行约3000年。

中国玉器研究权威专家杨伯达则认为，玉器"大约已有一万年的历史，这还不包括以前的远古先民从大量的多品种的石头中将玉筛选出来的漫长过程"。实际的玉器历史更早，大约12000年以前，我国辽南原始居民就开始用蛇纹石打制砍砸器。

伴随着石器的出现，玉器也随之出现。古人最初对玉的概念也是和石头一样，在制作石斧的同时，也制作了玉斧，后来在使用过程中发现，玉斧比石斧更坚硬耐用，且越用越漂亮美观，于是，玉斧演变成更多的实用工具，并演变为用于美化自己的佩饰品和美化生活的装饰品。

说玉器有12000年历史并非子虚乌有，实际上可能更长。距今70万年至20万年的"北京人"，曾从离住地两公里之外的花岗岩山坡上找来水晶打制工具。水晶古称水玉，其实就是"北京人"的玉。

距今约20000年的"山顶洞人"，以白色石灰岩小珠、椭圆形黄绿色岩浆岩小砾石石坠作装饰品。这些带有色彩的小石珠和小石坠，很可能是"山顶洞人"心目中的玉和玉器。

所以，从"北京人"开始，迄今6000年的原始社会后期，是我们的先民发现玉并逐渐深入认识玉、使用玉，试图破解其内涵的最初阶段，可以称为玉文化的源头和玉器的探索阶段。

这一时期，玉在群体的政治、装饰等社会生活和活动中发挥了重要作用，说明古人对玉的认识和使用已达到相当高的水平，早于其他工艺美术品。

远古人类早已和玉产生联系。在新石器时代漫长的年代里，各原始部落（联盟）从自己居住地附近寻找到玉，其品种、质色、名称也是多种多样的，有的仅仅通行于各自的部落成员之间。

史前早期的古玉器大多是玉工具，主要是玉斧，还有玉刀、玉针等，随后出现了玉礼器。

距今8000年左右的新石器时期，具体可考的兴隆洼文化开中国玉文化之先河，7000年前河姆渡的玉饰玉佩，5000年前红山文化的玉龙玉兽，良渚文化出土的玉琮玉璧玉钺，都见证了远古玉从玉工具到玉礼器，再到玉冥器和玉佩饰的历史脉络。

最早的玉礼器是祭器。如良渚文化的玉琮、三叉形器，也有部分象形的玉器如红山文化的玉龙等，应是作为族群的图腾而制作的。

远古人心目中的玉器并不完全是由现代意义上所指的玉石所制作的，它可以是玉，也可以是漂亮的石头，如与变质大理石矿共生的透闪石原矿，古人也将其雕刻作为玉礼器。

新石器时代晚期到青铜时代，玉工具减少，在有些地区已经消失，取而代之的是大量的玉冥器、玉佩饰。

在距今四五千年的新石器时代中晚期，辽河流域、黄河上下、长江南北，中国玉文化的曙光到处闪耀。其中以太湖流域良渚文化、辽河流域红山文化的出土玉器最为引人注目。当时琢玉已从制石行业分离出来，成为独立的手工业部门。

玉器伴随中华民族走过了10000多年的历程，玉在远古就成为中华民族精神信仰的一个组成部分。

（二）玉的开采使用史

玉在中国古代大行其道，与中国古代玉藏丰富有关。据《山海经》[①]记载，中国产玉之地有200多处，这为玉文化的盛行奠定了物质基础，使得发轫于新石器时代早期而绵延至今的"玉文化"成为中国文明的显著特点之一。

中国是世界上主要的产玉国，不仅开采历史悠久，而且分布地域极广，蕴量丰富。经过数千年的开采利用，有的玉矿已枯竭，但一些著名玉矿至今仍在大量开采，为中国玉雕艺术提供源源不尽的原料。

在古代各地盛行玉的年代里，和田玉进入内地，这是玉器文化史上具有划时代意义的大事。和田玉由于其质地优良而受到人们的喜爱，经过长期筛选，被确认为"真玉"。和田玉打破了玉坛固有的平衡，压倒群芳，占据了主角地位。

---

① 《山海经》是先秦古籍，是一部富于神话传说的最古老的地理书。

3000年前的西周时代，新疆输入的和田玉已经成为周王朝王公大臣生活中不可缺少的东西，礼仪和朝见皇帝都必须用玉，而且有一套等级分明的规定。经过几千年的历史沉淀，中国的玉文化已经基本定型了。

除和田玉外，甘肃的酒泉玉，陕西的蓝田玉，河南的独山玉和密县玉，辽宁的岫岩玉等也大量开采，成为中国玉器的常用原料。

先秦儒家利用已深入王室、公侯、士大夫等统治者心目中的和田玉，将其与儒学规范相比附，不仅形象地阐发了深奥的儒学概念，并且使和田玉德行化，巩固了它的主流地位。

先秦以后，历朝历代对玉的鼓吹、使用和收藏的重视有增无减，到了宋代，玉器更加庶民化、艺术化、商品化，成为城乡富庶人家婚育的必备物、节日里不可缺少的吉祥物，还出现了热爱玉器的收藏家。

古玉成为特殊商品在古玩市场上流通，于是玩赏古玉之风愈演愈烈，清代达到了高潮。最大的玉器收藏家是皇帝。如乾隆皇帝就是清朝最大的玉器收藏家，他还倡导对古玉的考证和仿古玉的制造。

宋代收藏家也讲玉德，但在趣味上却喜爱沁色，渐渐趋向将德符关系本末倒置，背离儒家"首德次符"的玉文化，转向了重符轻德。这是玉器由神物变为玩物的转折时期。

为何藏玉之风盛行？这是因为藏玉其实是收藏自己最美好的方面，玩玉也是在托物言志。古人懂得玉贵雕琢，将自己视作一方玉，"有匪君子，如切如磋，如琢如磨"；有人则拒绝一切社会的规范。结果，有人受琢磨而为玉，有人拒绝琢磨而成为"顽石"。

（三）中国玉器的雕琢文化

中国玉器的雕琢文化富有特色，这从中国一句至理名言"玉不琢，不成器"可以看出。还有一句名言，叫"他山之石，可以攻玉"，也道出了琢玉的真谛。

周代由于崇尚礼制，礼器的大小和尺度都标志着古代贵族内部不同的身份和不同的礼制。中国从原始社会开始生产玉器，随着社会生产力的发展，逐步形成了独立的专业，多集中于京畿和都邑。自宋至清，苏州成为全国性的治玉中心。

匠人琢玉的技巧是高超的，而治玉工具却是简陋的。在铁器发明之前的新石器时代和青铜时代，大部分工具甚至只是以木竹器、骨器和砂岩配制而成。如此原始的工具，能琢磨出如此精美的玉器，真是人间奇迹。

古代社会治玉以青铜工具为主。古代社会由青铜工具逐步变为钢铁工具。石英砂硬度高于玉，因此自古用于磨玉，又名"解玉砂"。当无齿锯前后推拉或旋转接触玉材时，放进用水调匀的石英砂，随工具运动而琢磨成器。

直到近代，中国人仍使用传统工具，如线锯、钢和熟铁制成的圆盘、圆轮、钻床、半圆盘以及架以木制的车床。

玉器的造型、花纹都是靠这种方法制成的。所以，先秦称琢玉，宋人称碾玉，今称碾琢，以示与雕刻工艺有别。

所以，巧夺天工的玉器，不是雕刻出来的，而是利用硬度高于玉的金刚砂、石英等"解玉砂"，辅以水来研磨玉石，琢制而成。

古人创作玉器不叫雕玉，而称治玉，或是琢玉、碾玉、碾琢玉。历代王室朝廷皆设有玉器作坊来进行生产。因玉硬度较高，加工时需要特殊的工具和方法，故加工过程大体有选料、画样、锯料、做坯、打钻、做细、光压、刻款等若干工序。仿古玉还要增加"致残"和"烧古"等工序。

中国玉器雕琢文化历史悠久，内容丰富。由于各时代的生产活动、加工工具、工艺水平、文化及流通情况不同，各时代玉器的用途、审美标准、流行时尚、外观工艺、玉质也相应地有所不同。这是玉石玉器收藏投资者应该了解的基本知识。

（四）玉雕器型风格演变

在中国艺术的广大范畴里，玉器艺术源远流长，且独具特色。早在原始社会阶段，我们的祖先就用玉石制作成像矛、刀、斧、铲、锛等一类生产工具和各式各样的玉雕装饰品。

商周时期，玉雕工艺又有新的进展，琢磨精细，纹饰优美，并出现有鱼、龟、鸟、兽面、兔、蚕等新形象的玉雕佩饰。常见的纹饰有夔龙纹、蟠螭纹、云雷纹、窃曲纹、方格纹等，特别是当时玉雕阳文线条的出现，是技法处理上的一大飞跃。

周代在玉器上着意进行精雕细刻，讲究严谨趋工整，线条较商代更加宛转自如，且渐趋繁杂，如人形、龙兽、鸟禽之类的眼形，在商代"臣"字眼的原有风格上又将两端线条接长，使其成为似是而非的变形的"臣"字眼，这是周代玉雕工艺在掌握线条变化规律上的一个重大成果。

在春秋战国时期，玉雕工艺走向精益求精，品种日益增多，如玉璧纹饰出现阳线和阴线交错的技法，纹饰更趋繁杂，有卧蚕纹、谷纹、连云纹、鸟首纹，同时还出现了浮雕和透雕的技法。

两汉时期是玉器品种大增时期，其玉雕出现心形佩、龙形佩、玉人、动物等玉佩。如1966年陕西咸阳汉代遗址出土的玉天马，玉质晶莹，造型奇特，骑马者为高鼻、尖额、左手按住马首，右手执灵草，玉马张舌露齿，双目注视，四腿健壮有力，呈向前奔腾状，既有"天马行空"的构思，又有威武雄壮的气势，雕刻庄重简洁，玲珑剔透，为两汉玉雕精品。

唐代，玉器经过魏晋南北朝时期的相对衰落后又有所复兴。由于唐代佛教盛行，除有玉雕佛像外，还出现了玉带方饰板、梳子背等图案，大量吸收花卉、鸟兽、虫鱼、人物等主要题材，既繁且广。如这时以西域各族人为本摹作的玉胡人，以及绘雕胡人与动物的立雕器，栩栩如生。

宋元时期，实用器以玉杯、盘为多，纹饰以龙凤呈祥为主，同时还有马、羊、鸳鸯、花卉以及水中跳跃的鱼等图案的玉雕。

至明清时期，我国玉雕制作工艺发展到了顶峰。明代使用三层透雕法，纹饰为前代所不及，常见有松、竹、梅、缠枝花卉、麒麟、人物、鸟兽等纹饰，有些玉佩饰上增添了"福""禄""寿"等吉祥寓意字样，品种也是多种多样，仅文具中就有玉砚、玉笔架、玉笔管、玉洗、玉砚滴、玉镇纸等。

清代，玉雕工艺有新的发展。特别是乾隆年间，这时在玉材选料、加工、磨光等工序上更加讲究，雕琢得更为精细玲珑，令人喜爱。

玉器作为中华民族的国粹之一，经过数千年的继承和发展，从史前的古朴、雅拙到秦汉的雄浑豪放，再发展到明清的玲珑剔透、博大精深，是不同时代、不同思想观念下的不同产物，长期以来，相辅相成，取长补短，最终百川归流，共同构成了璀璨夺目的中华玉文化。

二、玉的含义

（一）玉是中华文化的奠基石

玉是一种特殊的文化现象。玉并非美食，非华服，也非良药，非利器，却被人珍爱如此，受到高品位人士的重视，这不仅外国人不解，就是中国人自己也说不清道不明。

玉文化在我国文化历史上占有特殊的地位，玉文化自古以来就是中华民族文化的一个重要组成部分，它折射着古代政治、经济和社会关系，凝结着远古时代人们对自然界、群体生活的朴素的理解。

中国文化学上的玉，内涵较为宽泛。在中国古代器物中，还没有哪一样器物具有玉器这样深厚的文化含量和文化价值。中国玉文化的辉煌不亚于伟大的长城和秦代兵马俑的奇迹，玉文化的成就也远远超过了丝绸文化、茶文化、瓷文化和酒文化。所以说，玉是中国文化的奠基石。

（二）玉是道德的体现

中国自古以来就有把玉和道德联系起来的传统。将玉本身具有的一些自然特性比附于人的道德品质，作为所谓"君子"应具有的德行而加以崇尚歌颂，这是中国人的独特创造。

古人释玉时，赋予"玉德"的内涵，于是，玉有十一德、九德、五德之说广泛传播，并为全社会所接受，成为我国玉器久盛不衰的精神支柱。

这种寓德于玉、以玉比德的观念，把玉和德结为一体，又将玉与君子结缘，形成物质、社会、精神三合一的独特玉意识，这是我们华夏民族的思想建树，体现了中国玉文化的丰富思想和精神内涵。因此，玉于古代中国所产生出来的精神文化在世界文明中是非常有意思的一个特例，是东方精神生动的物化体现，是中国文化传统精髓的物质根基。

《周礼》①《礼记》②这两本中国古代的经典著作是中国传统政治思想的集中体现，书中大量关于古代周玉制度的记述，对汉之后的典章制度的制定影响很大，致使古代用玉制度在中国产生了极其深远的影响，使佩玉成为人格和品德的标志。

（三）玉象征着中国人的精神理想

尽管中国古代典籍中似乎有无数关于玉的论述，这些论述说的都是一些似是而非的东西，似乎都是一些大话，且各说各的，真是众说纷纭，莫衷一是。所以，今人解构河图洛书、周易八卦，但在玉的面前，似乎说不出多少道理，也说不透。

藏家手中一握，玉美妙绝伦，同时又充满神秘色彩，其美妙往往只可意会不可言传。玉使世界多了一点色彩，多了一点迷幻，多了一点梦想。玉器在中国始终是深受欢迎的装饰品与艺术品，传说玉器具有美容、定惊、趋吉避凶之效，能保佩戴者平安吉祥，富贵长寿。玉作为一种精神理想，本身就非寻常物。

在中国古典文化中，人们认为玉器可令佩戴者凝神聚气，而圆形的玉更代表天地之司的和谐圆满，所以玉环、玉扣等圆形饰物都非常受欢迎。人们喜爱这些玉器，不仅仅是因为它的稀有或色泽美丽的外观，而是有着更深一层的美学价值。玉凝结着人们的各种感情，有对故乡的怀念，有对祖先的崇拜。

玉的精神理想是美学追求的高度体现，它是自然的象征，是天、地、虹、日、月，是中国人的宇宙观念，它是精神，是意念，更是中华民族对美的追求和升华。

相如曾以生命护卫一块玉璧，其实是在捍卫精神理想，万千兵马争相厮杀只为争那传国玉，往往也是在为精神理想而战斗，"玉"已经成为皇帝大位的象征物。

作为精神理想的玉，蕴涵着文明时代的先民们在生产、生活中的心理和情感，并在精神上加以提炼升华，体现了古人的美学意识、道德观念以及美好追求，影响着世俗的物质生活方式，并引导着古人的精神生活朝着健康、纯洁、理想的方向发展。

三、玉器源头探幽

（一）玉器源于石器

玉器是中国古代文明的一项重要内容。玉器源于石器的制作，而石器起源于旧石器时代。

我国自古被称为"玉石之国"，不仅盛产玉石，而且其应用也具有悠久的历史。旧石器时代的北京人、蓝田人等已开始使用石制工具，但当时原始人们考虑的仅仅是石料的坚

---

① 《周礼》是儒家经典，十三经之一，是西周时期的著名政治家、思想家、文学家、军事家周公旦所著。
② 《礼记》又名《小戴礼记》、《小戴记》，成书于汉代，为西汉礼学家戴圣所编。

硬程度和制作的便利。

在旧石器时代遗址中，常发现打制石器、原始骨器以及用于装饰的动物牙齿、贝壳、人和动物的骨化石等物。中石器时代为旧石器时代向新石器时代过渡的时期，当时已使用弓箭。因此，在打制、磨制的混合石器中，常有石箭头。已发现的遗址主要分布在东北三省、内蒙古和新疆地区。

早在近万年前的旧石器时代晚期，我们的祖先就发现并开始使用玉石了。一般认为上古时的人们在制作、使用石制工具时发现了玉这种矿物，只不过最初人们并没有玉的概念，甚至很长时间，把玉当成是石头，但不是普通的石头，而是美丽的石头。

因为玉不仅美丽，而且比一般石头更为坚硬，于是人们就用它来加工成其他的石制品。又由于它有与众不同的色泽和光彩，晶莹通透，惹人喜爱，于是人们慢慢就用它来做装饰品。

由于玉的存量稀少，且加工困难，因此玉代表了一种更高等的价值，只有族群里少数头面人物如族长、祭司才有资格佩戴并使用它，这又使它渐渐演变成礼器、祭器或图腾。

正是在这种长期缓慢的进化过程中，玉由原来仅仅是一种特别的石头转化为代表权力、地位、财富的象征。

新石器时代农业和畜牧业的出现是这个时期的主要特征，生产工具以磨制石器为主，石器生产工具有石斧、石铲、石刀、石犁、石镰、石磨盘等。这时候，随着人们对许多质地细腻、硬度高、断口锋利的玉石类岩石认识的加深，开始出现玉石制作的粗糙石器工具。

新石器时代，人们在加工石器的过程中，发明了磋磨、钻孔等加工新技术。当时人们除了磨制砂岩、页岩、变质岩的农业、手工业、狩猎工具外，还磨制蛇纹石、透闪石、石英岩、硅质石等彩石玉器。

距今约5000至4000年的"铜石并用时代"，玉器已彻底脱离石器，不仅成为当时人们财富与权力的象征，而且还是人们制造生产工具、生活用具、兵器的主要材料品种之一，因而后人提出了"玉器时代"的命题。

当时的玉簪、玉环、玉璜、玉玦一类是装饰用玉，为人所共知；而玉龙、玉鸟等可能为图腾神物；玉琮、玉璧等为宗庙礼器，具有权力的象征意义。

新石器时代晚期，玉器的制作可能已发展为独立的手工业部门。除了细石器生产工具之外，人们已拥有一些非生产性的玉器，如玉璜、玉璧等，此时的玉雕工艺比较简单。

在河姆渡文化、大汶口文化、良渚文化、红山文化、龙山文化的遗址中，均有精美的玉器出土。其中如玉斧、玉铲、玉兵器等有一定的实用价值。

（二）新时期时代的玉器概述

新石器时期，农业和畜牧业出现，这是这个时期的主要特征。生产工具以磨制石器为主，在磨制的石器中，也有玉石。

新石器时代的石器工具有石斧、石镑、石铲、石刀、石犁、石镰、石磨盘等。人们在加工石器的过程中，发明了磋磨、钻孔等加工新技术。当时人们除了磨制砂岩、页岩、变质岩的农业、手工业、捕猎工具外，还磨制蛇纹石、透闪石、石英岩、硅质石等彩石玉器。

新石器时代为玉文化的起源时代，玉石与石头的区别并不明显，这些磨制玉器主要存在于一些著名文化遗址中，如在河姆渡和良渚等文化遗址中，都发现了大量的玉斧、玉铲、玉刀等生产工具及玉箭镞、玉戈等兵器，此外还有玉璧、玉璜、玉珠等装饰品。玉质以质地较软的玉类为主，也有黄玉、青玉、墨玉以及绿松石、玛瑙、水晶等。

到了新石器时代晚期，玉器的制作已发展为独立的手工业部门。在河姆渡文化、大汶口文化、良渚文化、红山文化、龙山文化的遗址中，均有精美的玉器出土。其中如玉斧、玉铲、玉兵器等，均有一定的实用价值。

长江下游新石器时代有河姆渡文化、马家浜文化、崧泽文化和著名的良渚文化。前三个文化出土玉器数量不多，主要是头饰和佩饰璜、珠、环等及玉斧、玉镑等小型玉工具。当时玉料多为当地所产，玉和石不分。

据考古发现，新石器时代的南北玉种分布是有所不同的。其中北方以岫玉为多，其次为墨玉、青玉（非和田玉）、玉髓、煤精。

黄河中下游有绿松石、水晶、粗质玉。长江下游有透闪石玉、阳起石玉、蛇纹石玉、石英岩玉、玛瑙、玉髓、水晶、煤精、萤石、粗质玉等。

从器型来看，新石器时代的玉器以玉斧为典型器物。20世纪，我国出土了新石器时代的许多玉制的戚、斧、刀、铁、镑等武器和工具，从它们的刃部磨耗情况来看，这些器物的绝大多数已脱离实用价值，只是作为一种标志和象征，用于一些礼仪场合。

在良渚文化遗址中，使用玉器的应是有特殊地位的人物。红山文化的动物群玉雕，有龙、鸟、虎、龟、蝉、狗、蚕、鱼等，与商代玉器的主要题材相同，而与良渚文化的玉器群如玉琮、玉璧、玉璜、玉玦等相比，显然系两个系统。但良渚文化的玉器群同样在商、周时期得到了继承和发展。

新石器时代玉器的纹饰和工艺因生产力低下，琢玉工具不锋利，有如下特点：

一是玉器单纯，简单平素，器型单调，大多为小型。

二是工艺特点注重实用，实用性很强。

三是工艺粗糙，仅琢磨打光，常见砣工痕迹、对钻孔。

四是造型不太规则，随心所欲，没有形成规范。

五是大多光素无纹，几乎没有图案。即使有纹饰，也很简单、朴实。

第二节 古代玉器收藏与鉴赏

一、红山文化玉器收藏与鉴赏

（一）红山文化玉器的功能类别

1. 礼器类

在新石器时代东北地区的辽河流域，红山文化遗址曾出土了大量精美绝伦的玉礼器。这类作品的共同特征是通过人们的想象将事物抽象化，直接反映到红山文化写意作品上的是将崇拜的动物放在较高的地位。

红山文化主要有璧、琮、环，以及其勾云形玉器等。

红山文化礼器中，没有琮、璋等礼器。如出现这类礼器，基本可以判断为假冒品。

2. 仿生类

红山文化动物形象的佩玉艺术品最多，有玉龙、鹰、鹄、燕、蚕、鱼、龟、猪首兽、猪龙形兽等。最多的是枭、龟等。

红山文化有一系列动物题材，形成玉器群，如龙、龟、鱼、鸟、猪等。

3. 神灵类

在传世品中，有玉母神、玉"太阳神"、玉神人等。

还有一些以上述造型重新组合成另一种复合形器，有"太阳神"与人复合成神人冠器、龙凤复合（或共身）器等。

4. 珠宝首饰类

红山文化玉器中有少量饰玉，主要有玉环、串饰、多宝项链、簪、勾云形玉佩、马蹄形玉佩、竹节玉饰等。

5. 工具类

红山文化玉器中还有斧、刀、匕首、凿、刮削器等工具类玉器，但工具类玉器相对较少。

（二）红山文化玉器的器型

红山文化玉器一般形制都比较小，器体扁而薄，边缘多呈斜坡尖刃状，大型器物很少见，更无陈设器，现在市面上随处可见的那些红山文化大型人头兽身、粗重厚大的摆件都是现代人所主观臆造的。

红山文化玉器还有正反之分，一般正面多用瓦沟纹打磨出各类造型，大多边缘磨成扁而薄的刃状，背部一般有穿孔，而且是平背素面，没有任何纹饰打磨的痕迹。

如勾云形器、玉龟等，它们的形状都是这样的。而现在市场上很多红山文化玉器的造型，都是双面工且无正反之分，可想而知，这些必假无疑。

研究红山文化的器型，可以从一些独特的典型器型入手，如玉箍形器。红山文化中有一些玉箍形器，呈扁圆筒状，腹壁斜直，一端作平口，另一端作斜长口。玉质一般呈绿色或黄绿色，有灰白色。靠近平口边缘通常钻有两个对称的圆形小孔，个别器体无钻孔。

玉箍形器下端对钻的孔，则是为贯穿发笄固定神帽之用。

在红山文化玉器群中，玉箍形器属于形体较大的器种，高度一般在 10~15 厘米之间，最长的可达 18.6 厘米，在选料方面有很高的要求。

在雕琢过程中，需要将柱状体玉料中部琢空，内外壁大面积抛光，雕琢工艺相当复杂，难度较大。东北地区早于红山文化或年代相当的史前文化遗址中均未发现此类玉器，可以认定玉箍形器是红山文化所独有的器类。

（三）红山文化玉器的雕刻

红山文化玉器的雕饰一般都比较简单，没有太多的纹饰，一般简单的透雕比较多，多采用打洼工（就是俗称的瓦沟纹），线拉工也很少，纹饰一般都是用玛瑙或石英工具加水和解玉砂磨制而成，所以红山文化玉器一般边缘都有尖薄刃状之感。

研究红山文化玉器的雕刻，要了解红山文化玉器的材料。红山文化玉器属东北玉系统，质地为阳起石及透闪石类软玉，有一小部分是蛇纹石一类的彩石玉，其硬度在中国古代仅次于金刚石，加工琢磨难度很大。

古代红山匠人在制作玉器时依据器物的造型特点，熟练地运用切割、琢磨、隐起、钻孔、抛光、圆雕、浮雕、透雕镂空、两面雕等多种技法来加工玉石，使之成为形态结构生动形象的玉器。

透雕镂空技术主要运用于勾云形器，镂空的部位呈圆弧形。在带齿类兽形器眼睛上部及器体两侧也运用了镂空技术。

红山文化玉器作品或为片状，或为圆薄，似有刃。圆雕作品多呈柱状。玉器加工中大量使用开片技术，开片采用线条装饰技术，以线切割为主，即用线条拉磨而成。钻孔的孔壁光滑，孔径有变化。

红山古玉琢制工艺擅长以磨碾手法制作类似泥塑刮削效果的沟槽，典型的有勾云形玉佩的纹饰，压地隐起的阳纹和斜面棱线，还有玉龙、玉鸮的装饰，这些棱线往往触之可感，而视之不见，琢磨十分精细。

红山玉器的后期才在隐起图案上加刻阴线纹。阴刻线无起止痕迹，入"刀"浅，若断若续，但能出现曲线流畅、转折圆润、直线挺拔的效果。

红山文化玉器几乎都有孔，有的甚至有数个孔。其孔有一部分是两孔斜穿相通，有的是两面对穿相通，且在孔内多留有似来福线的穿钻痕。其孔均呈喇叭形（又称马蹄形），且打孔时对接不正。

钻孔和镂空技术在红山文化玉器表现器物造型时起了重要的作用。如用对钻的圆孔来表现动物的眼睛，主要有玉鱼、兽面形牌饰、带齿类兽形器等，眼睛的圆孔依据器形有大有小。

此外会在玉环、玉镯、玉玦、玉璧、玉龙、玉猪龙、三孔器等玉器上打钻直径相对较大的圆孔，在玉箍形器上打制较深的孔洞等。

红山文化玉器的钻孔一般分单面钻孔、双面钻孔和倾斜对钻三种方式，每种钻孔方式中都可以看到古人的打孔痕迹：单面钻孔一般孔洞呈喇叭状；双面钻孔一般呈腰鼓状或称蜂腰状，孔洞呈两边大中间小的不规则模式；倾斜对钻是在器物一面上斜向对钻两个相通的孔，因似牛鼻孔而称之为"牛鼻穿"，方便缝缀饰物。

（四）红山文化玉器的材质

红山文化玉器通常采用辽宁岫岩软玉，矿物成分主要为粗细不均结晶状透闪石，玉料偏青或偏浅黄色，也有黄色的。

相比较而言，新石器时代的玉器中红山玉器的材质最好，一般硬度在6～6.5，玛瑙、松石、珊瑚等制品也多有发现。

红山文化玉器采用的玉料有三类：类似新疆玛纳斯碧玉的深绿色玉，被称为"老岫玉"的宽甸玉以及岫岩玉。

红山文化玉器采用什么玉料，是鉴定红山文化玉器真伪的首要问题，以往的鉴赏者似乎不太注意。

红山文化玉器所有玉料都类似于岫岩玉，但硬度高，透光度低于岫岩玉，特点类似于新疆和田玉，常见玉料有青黄色以及青绿色两种玉料。

红山文化玉器采用的玉料一般呈蜡状光泽，也有一些呈玻璃光泽。由于粗结晶岫玉的质地较软，内部结晶体构造很粗大，所以很容易染色。一般看到的市场上的很多仿红山文化的玉料都被上过色，但是看起来比较自然，皆缘于此。

（五）红山文化玉器的沁色

红山文化玉器的本来颜色有白、青、碧、黑或青中带黄、白中带黄诸色，典型的黄玉极罕见，少数亦见有灰白色者。

红山文化玉器往往带有沁色，但不十分重。红山文化玉器的沁色，因所用玉料的不同与埋藏地点不同而有所区别，即有多少或深浅之分。

红山文化玉器沁色有很多专用名词，为行内人通用，行外人往往摸不着头脑。收藏者应对这些沁色的专有名词认真研究。主要有风吹云、瓜皮贴地、灰坑白、鸡骨白、开皮丝、沙坑点等。

新疆玛纳斯碧玉、宽甸玉与岫岩玉这三种玉料，即使在土中埋藏五六千年，其沁色亦较少或浅，往往只在某件玉器外表的局部或原有绺纹及有磕缺损伤等处有所表现，很少有被沁色整体掩盖者。

用上述三种玉料制成的红山文化玉器，若整件玉器均被钙化，或呈鸡骨白色，或有很重很浓的侵蚀色掩盖，其真实性就有问题。

上述三种玉料，特别是采自河流中的仔玉，往往在未做玉器前就有天然侵蚀和皮色，一般呈黄、灰或红褐色，其情况很像出土玉器上的侵蚀色。这些皮色，在红山文化做玉者看来，是玉料毛病，即所谓的瑕斑，在制作玉器前，几乎都要把它们全部去除。

造伪者伪作红山文化玉器时为使新做玉器有如土中埋藏而形成的自然土沁感，常留下一些皮色。其沁色，无论受沁的天然感、受沁部位还是深浅程度等几乎与出土真品玉器相同，鉴定时必须要把两者严格区分开来。

识别的关键是看其上的包浆或熟旧感的有无。凡"红山文化"玉器留有玉料中的原沁色者，几乎都可断定为伪品。

伪作红山文化玉器，亦见一类所谓的"老玉新工"器，即作伪者用出土的大件或残破玉器，改做成若干小件"红山文化"伪品，且大多在其上雕琢纹饰，以获取更大的利益。因这类玉器是用旧玉器改做的，其上的局部沁色和包浆等与真品很相似，再加上纹图略作伪装，故其真伪一般鉴赏者很难区别。

在鉴定这类作伪玉器时，如能注意纹图底部及切口处与表面的新旧包浆情况的变化及其形体和工艺细微处是否有真红山文化玉器的特点，往往会得出正确的结论。

（六）红山文化玉器的工艺

红山文化琢玉技艺最大的特点是，玉匠能巧妙地运用玉材把握住物体的形体特点，寥寥数刀，把器物的形象刻画得栩栩如生，十分传神。

红山文化玉器的制作工艺有鲜明的文化特征，根据工艺琢磨痕可以观察到其细微特征，对鉴定真伪有一定帮助。

红山文化玉器的工序，与其前后各文化期和朝代相似，需经采集玉料、看料取材、因材施艺及制作玉器时的开料、切割成形、琢磨纹图、穿孔和抛光等多道工艺工序。但具体到各道工序制作时，红山文化玉器又表现出与其他时期的差异。

在因材施艺方面，红山文化小件玉器和用仔玉作器，大多是对玉料略施琢饰完成。所以即使是同一型动物玉器，其大小厚薄和面貌形式也有所差异，可以说没有一件是完全相同的。

红山文化玉器的纹图线条，均用单条阴线和粗细不等的较粗的凹槽表现，与其他时期有区别。

用放大镜观看，其中较粗凹槽的制作，是先用大小不等的宽边砣具沿阴线凹槽横向磨琢后，再用粗细不等的条棒带动解玉砂顺着阴线凹槽来拉动摩擦。从其上的阴线凹槽，能看到先后两种方法加工留下的痕迹。若阴线或凹槽内留有粗细相同、距离相等且平行笔直的机电砂轮打磨痕，可以怀疑是伪品。

红山文化制作玉器的最后一道工序是用动物的皮摩擦抛光，玉器的边沿至今仍有钝刃感，光泽莹润。

（七）红山文化的纹饰

红山文化的玉器纹饰都比较简单，常用的纹饰就是简单的瓦沟纹或阴刻线，一般用减地阳起的方式表达。

红山玉器在纹饰刻划和布局上独具特色，有通体光素无纹饰、半光素半施纹、关键部位施纹等多种形式。

光素无纹饰的器物如玉箍形器、玉璧、双联璧、三联璧、玉环、玉镯、菱形饰及玉斧、玉纺瓜、玉珠等通体磨光。

半光素半施纹的玉器以玉龙为主，在头部施纹刻划，龙体则通体磨光。

关键部位施纹主要用于刻划动物形玉器，玉鸟展翅欲飞，小玉龟栩栩如生，兽面形牌饰、抽象的带齿类兽形器则显得神秘而庄重。

勾云形佩和玉臂饰等器形多用瓦沟纹，而且所呈棱角一般都为奇数而并非偶数；而像玉龟等，则是在表现眼部和背部上使用减地阳起的方法进行雕刻。

现在市场上一些红山文化玉器要么在表面雕刻上纹饰，要么在不同器物上胡乱臆造纹饰，跟实际常理不相符合。收藏爱好者不要看到纹饰新颖就视为神奇，以免受他人之骗。

（八）红山文化玉器的风格

与良渚玉器相比，红山文化少见呆板的方形玉器，而以动物形玉器和圆形玉器为特色。典型器有玉龙、玉兽形饰，玉箍形器等。

红山文化时期达到当时历史上玉器制作和使用的顶峰。其制作之绝美，工艺之精湛，想象之超凡，堪称中国史前艺术的杰作。

红山文化玉器器形一般较小，但采用大块面塑形手法，造型概括、简练、质朴。

红山古玉不以大取胜，而以精巧见长。红山文化琢玉技艺最大的特点是，玉匠能巧妙地运用玉材把握住物体的造型特点，寥寥数刀，把器物的形象刻画得栩栩如生，十分传神。

神似是红山古玉最大的特色。红山古玉纹饰简洁、疏朗，多为抽象图案，往往采取大块面抛光手法，仅在眼、口部作精细雕琢。

红山古玉的器形多为扁平体，无论单面还是双面雕琢均有厚薄变化，常将器物外轮廓琢成薄形钝刀状。

红山玉器大多应用于悬挂、佩戴，大多数玉器上都琢有孔洞。一般为单面钻孔，剖面呈倒梯形，俗称马蹄孔。两孔径大小不同，出于降低钻孔难度的设想，有的孔洞打到一道凹槽上，有的打在磨薄的平面上。有一定厚度的大型器物则采用双面打孔，孔径两端大，中间小，俗称蜂腰眼。有的对穿孔对接有误差，因而孔径有台阶式痕迹。

从审美的角度看，红山玉器不仅运用了多种构图形式和雕琢技法，而且讲究玉材色泽与器形的统一，注重器体造型与刻划纹饰的和谐、均衡、对称等比例关系。

三星他拉玉龙就体现了现代审美的理念，玉龙的头颈和躯干恰好位于现代审美理论的所谓黄金分割线上。

从总体上看，独特的造型设计和雕琢工艺使红山玉器具有具象生动、抽象神秘、粗犷豪放、自然质朴的特点。

二、良渚文化玉器收藏与鉴赏

（一）良渚文化玉器的质地

良渚文化玉器所采用的玉料应出于当地，是一种含金属闪点的不规则的云母状结构的透闪石——阳起石（透闪石之中的镁离子部分被二价铁离子置换，含铁超过2%则为阳起石）。

良渚古玉所用的质料最主要的是透闪石及阳起石系列的软玉，另外还有萤石、叶蜡石、绿松石等美石。

软玉系列的质料，依其纤维结构的差异，呈现出两种不同的形态，类似于新疆和田玉中"仔玉"与"山料"的差别。

一类是未受沁时为半透明的湖绿色，受沁后为"鸡骨白"的料，这种玉料当时多用于制作琮、钺、冠状饰等玉器。

另一类为未受沁时是不透明的暗绿色，沁后五色斑驳，肉眼常可见绢云母状交杂的纤维结构，这种玉料在良渚早期就已经被采用，主要用于制作面积较大的玉璧，个别也制作成玉琮。

到了良渚晚期，可能是由于第一种玉料匮乏，使得第二种玉料被普遍用于制作高节琮，但玉璧的料始终没有变化。

良渚文化玉器很直观地就可看清一条条、一片片、一块块杂乱无章、横竖斜直的结构和节理，玉质斑驳不纯，如果玉器在光线下不断变换角度，就能明显看到某一点、某一块或某一片异样的闪光。

正是这样的结构和节理，良渚文化玉器多数呈现出红、赭、棕、黑、黄、白等沁蚀炭化的斑斓多彩的颜色，色泽多以黄绿为基调，明显有别于其他地方的玉料和其他时期的玉器，因此很容易辨别。

一般良渚文化玉器所用玉材为太湖地区所产各种粗玉（透闪石、阳起石、蛇纹石），颜色以绿色为主，或泛青或透黄，玉质透明度、硬度都不高（硬度大概为4），手感较轻，有些玉料疏松吸水。

上好的良渚古玉重器，选用质地细密晶润的玉材，触感平滑细腻，器物表面呈现宝石光泽，近乎铜镜的亮度（俗称色浆壳），与人工上蜡和机器打磨的光泽有别。

一般人会认为良渚文化玉器比较松软，其实不然。玉质保存完好的，几乎是钢刀不入，其莫氏硬度为6左右。玉料的比重也较大，在3左右，手感沉甸甸的。

良渚文化博物院中，陈列着一块硕大的当时遗留下来的璞玉，可供人抚摸察看。这块玉料正好涵盖了这一时期玉器的玉色玉质，有青白黄白，有淡绿深绿，有灰青铁青墨青，还有氧化炭化后的赭红、橘黄等色。

放大镜下可以看到，青白黄白色的那部分玉质纯净，以团状结构为主，金属闪点较少，这可能是最好的玉料。

绿色和青色的部分，结构如以上所述一样，那才是良渚文化玉器的主要玉料。这种玉料受到侵蚀后，受沁氧化现象会因结构面、节理状况而变化，沁纹、沁沟、沁色自然分布，随意表现。

而采用青白和黄白色玉料的玉器，它们基本呈"鸡骨白""象牙黄"和"南瓜黄"状态。保持原来颜色、原来质地的玉器，可谓凤毛麟角，所以有人认为此类玉料是岫岩玉。

良渚文化玉器的特征，是其他玉料玉种所不具有的，原来的古玉矿除了江苏溧阳小梅岭矿点外，至今还未找到，加上目前还没有出现相同的玉料，所以说掌握了玉料的特征，就在很大程度上认识了良渚文化的玉器。但对"鸡骨白"一类的玉器，除可辨玉颜色和质地的"地张"具有特征，其他的就不在此列。

没有较纯净的"鸡骨白"是良渚玉璧质料上最基本的特征，而仿者不明，仿制的玉璧大多在质料上存在破绽。

仿制品选用的原料主要是产于辽宁的俗称岫岩玉的似玉矿物，颜色有黄色、褐色、杂色、青绿色等。黄色、褐色、杂色的质料硬度较低，不透明，而青绿色的质料硬度较高，摩斯硬度接近6，半透明。

由于仿制品选用的质料和良渚古玉选用的质料相差甚大，所以光从质料方面来看，就有不少地方可供鉴定时参考。

比如，玉料硬度上的差别。良渚玉器所采用的软玉莫氏硬度为6～6.5。虽经千年土地侵蚀，或多或少受到了不同程度的沁蚀，但其表面除完全受沁成白色石膏状剥裂的部分硬度较低外，其余部位经阴干脱水后硬度基本维持在原有水平，一般的钢质刀具很难刻入。

仿制者虽对其表面进行了做旧仿沁，使其特征跟出土的古玉相近，但硬度这一玉料本身具有的特征，却很难瞒天过海。

（二）良渚文化玉器的器型

良渚文化玉器（如图4-1）品种丰富，造型繁复，用途广泛，典型器有玉琮、玉璧、玉钺、三叉形玉器及成串玉项饰等。最能反映良渚琢玉水平的是形式多样、数量众多而又高深莫测的玉琮和兽面羽人纹的刻画。

图 4-1 良渚文化玉器的器型

良渚文化出土玉器数量较多，仅余杭反山和瑶山出土玉器就达三四千件之多，且许多是前所未见之品。玉器琢制较精美，以饰玉、礼玉为主。

良渚文化玉器典型器有玉琮、玉璧、玉钺、冠形器、三叉形器、半圆形饰、镯、璜、柱形器、锥形器、锄、牌饰、串饰、新月形饰、动物形饰、带钩及成串玉项饰等，以玉符、镯、佩、珠、管等装饰品数量最多，并有玉璧、璜、环、瑗、钺等礼器及梯形、半圆形、三叉形冠饰等。

如果要作类别划分，主要可分为两类：一是祭祀礼仪玉器，一是佩戴装饰玉器。

镶嵌件是将很多细小的无孔玉粒及一些玉件用黏合等方式装饰在器物上。

镶嵌件开我国镶嵌技术之先河，充分显示了我国古代劳动人民的聪明才智。

（三）良渚文化玉器的经典作品

1. 玉琮

玉琮（如图 4-2）是良渚文化中最具特征的玉器，是形体最大的器件，也是出土较多的玉器品种，具有祭地礼器功能。

良渚文化的玉琮琢磨精致，纹饰华丽。其工艺水准达到了"鬼斧神工般的超卓高度"，被称为"皇冠上的明珠"。

图 4-2　玉琮

玉琮的形制外方内圆，立面分为若干节。矮体的只有1节，已见实物最多的有15节(尚未发现10节、14节者)，也有称发现过最多的为19节。每一节方柱四角以转角边沿为中心线，雕刻对称的变形兽面纹。

良渚玉琮标志着治玉工艺与石器工艺开始分离，已能碾琢阴线、阳线、平凸、隐起的几何形及动物形图案装饰，具有朴素稚拙的风格。有的玉琮表面有精美的浮雕和阴刻纹饰，有的却为素面。早期玉琮多用阴线刻，晚期玉琮多有浮雕纹饰。

玉琮中心的挖料技艺高超，玉琮孔径大多仅1～2厘米，孔径口沿棱角规整，孔壁光洁，说明上下对接的误差很小。

玉琮的具体制作方法是：在器表以精确的减地法等距离刻出横向凹槽，使玉琮分成若干节；四面正中同样以减地法刻出竖向凹槽，使每一节分成四组转角相连的垂直凹面。纹饰一般由一个平面或以凸面转角为中线，琢磨出两个距边角处的半侧面图案组成的一组兽面，形制纹饰讲究严格对称、一丝不苟。

制作时有着统一的定制，不能掺有任何随意性。但是，玉琮绝无两件体形、花纹完全相同的，而且都是单体制作的，件件精雕细琢，面目不一。

2. 玉璧

玉璧也是良渚文化中的一种重要玉器，璧的形制呈扁平圆形，中间有孔。玉璧可能源于圆形石斧等原始工具，玉璧存在时间很长，从石器时代直到清朝，都有玉璧出现。古文记载"以苍璧礼天"，表明其具有礼器用途。

良渚玉器中玉璧数量较大。良渚玉器中的玉璧有如下特征：

一是玉璧形体大而厚实，最大的玉璧直径达40厘米。

二是玉质纯净的少，多有斑斓色彩。

三是玉璧多为素面无纹。

一般说来，良渚玉璧加工粗拙，体现在外边不圆，边部厚薄不均，璧体表面不光滑，璧孔对钻错位。但是少数雕琢精致的玉璧璧面光洁，边沿和孔径规整，很少留下旋钻痕迹。

从出土玉璧的数量来看，玉璧在当时深受欢迎。玉璧是礼器，同时也是财富和地位的象征。

玉琮与崇拜信仰有关，是社会需要和精神信仰的产物。玉琮还是中国古代玉器中重要而带有神秘色彩的礼器，目前对良渚玉琮功用的猜测有20多种。多数学者认为琮是一种沟通天地的法器，上大内圆象征天，下小外方象征地。

良渚文化中曾发现一件非常特殊的玉琮，可称为良渚玉琮王，属于宽短琮，即璧琮。该玉琮的玉质甚好，雕琢精细圆润，可谓玉琮精品。玉琮上神人兽面纹表现出原始图腾崇拜思想，同时玉琮也是权力和地位的象征，只有贵族和有地位的人才能拥有玉琮。

3. 玉斧

良渚文化玉器中的玉斧也颇具特色。如现藏北京故宫博物院的一件良渚文化弦纹玉斧，长19厘米，宽约8.2厘米，最厚处1厘米，梯形扁平体，两面斜削呈弧凸刃，近背处有大、小两喇叭口形孔，孔以下两面由垂直和平行的阴线纹交接成规则的几何图案，无使用痕迹，为太湖流域玉斧之精品。

4. 玉钺

良渚文化遗址中出土的玉钺也有特色。玉钺源于穿孔石斧，呈扁宽近方形，一端有两面对磨的弧形刃，近肩外中间有穿孔。

钺是军事首领的象征物，是标志身份的重要礼器。一般玉钺光洁无纹，但良渚反山出土的玉钺在刃部上角两边均以浅浮雕和阴线刻的神人兽面纹，下角均有鸟纹，这些纹饰酷似玉琮上的纹饰。

5. 复合件

良渚玉器复合件较多，主要有柱形器、冠状器、三叉形器、半圆形额饰锥形器、镯、箍等。

（四）良渚文化玉器的工艺

良渚先民在治玉技术上普遍采用砂解法，即用砂和水加解玉工具通过摩擦来切割玉料。从玉器留下的痕迹观察，当时以片状硬性物件作直线运动为特征的领切割和以弦状硬性物件作弧形运动为特征的线切割两种方法相结合，运用于玉器的镂空。

玉器上细密的阴线花纹，主要是用手在玉上直接雕刻细若游丝的阴线，往往由若干条划痕拼组而成。玉器雕成后，表面还要打磨光滑，有光可鉴人的效果。

良渚文化的琢玉技术代表了新石器时代用玉工艺的最高水平。良渚文化玉器制作精致的玉璧表面光洁，边沿和孔径规整，很少留下旋钻痕迹。玉琮、玉环、玉镯等立体器型造型严谨、规格化。

这时琮、璧等大型玉器的孔壁上留有螺旋纹或垂直的台阶痕迹，这往往是因为玉质坚硬对工具不断磨损以及钻孔时对位不准造成的。此时很可能已出现了旋转性的原始砣具。

良渚文化玉器中，制作最精美的当属玉琮、玉钺以及冠形饰。不仅规格严整，而且雕琢纹饰精细。

良渚文化玉器中有镂空雕刻的玉雕、玉冠饰，还采用了镶嵌松石等装饰手法。

良渚玉器的琢制，综合运用了镂空、透雕、浮雕及阴线刻等多种技法，特别擅长"阴线刻"与"剔地浅浮雕"，或两者的结合，并逐步形成了独立的琢玉艺术风格。图案整体结构由主体纹、装饰纹、地纹三个层次组成。不到1毫米宽度的阴线刻，竟由四五条细若游丝的细线组成，堪称鬼斧神工。线刻底纹图案，细密匀布，颇富装饰性。

（五）良渚文化玉器的纹饰

良渚文化玉器纹饰华丽，新创纹样丰富多彩，有神人兽面纹、束丝纹、绞丝纹、蚩尤纹、立人纹、兽眼鸟纹、云雷纹、蒲草纹等。

良渚文化玉器的饰纹已采用主体纹、地纹和装饰纹三位一体，称为"三层花"，即第一层用阴刻线刻出云纹、直线、涡纹等作为底纹，然后用浅浮雕的手法表现轮廓，最后再以阴刻线在凸面表现细部。

如良渚玉器的兽面纹常以单（双）阴线刻的圆圈象征眼睛，两眼之下用淡浮雕雕出纹路呈长方形界，其上增配桥状隆起，似如鼻梁，少数阴刻嘴部；或再以弧线勾勒出脸庞，嘴部有探牙者易呈圆角长方形，有眼睑和鼻梁或额，或易呈蒜头形，无眼睑和鼻梁或额。

（六）良渚文化玉器的风格

良渚玉器气势雄伟，讲究对称均衡，给人一种庄严肃穆的感觉。

良渚玉器通常体形较大，显得深沉严谨，对称均衡得到了充分的应用，尤以浅浮雕的装饰手法见长，特别是线刻技艺达到了后世几乎望尘莫及的地步。

其表现手法以阴刻线为主，辅以淡浮雕，并出现了圆雕、半圆雕、镂空等难度很大的手法。

良渚玉器以琮、璧、钺最多，造型宏大雄浑，风格严谨深刻，纹饰以神秘莫测的神人兽面纹引人入胜，阴线雕刻和浮雕完美组合，成为当时南方玉雕的最高水平代表。与北方红山文化玉器相映生辉，共同写下新石器时代玉雕的灿烂篇章。良渚文化玉器风格还体现在：造型规整，厚薄均匀，周边转角端正，轮廓分明。

（七）良渚文化玉器的特征

良渚文化玉器有以下方面的显著特征：

第一，玉料多来源于本地，部分为软玉。

第二，大型玉器多与象征财富有关。装饰玉器多为小件，缺少生产玉工具。

第三，良渚文化玉器直线深而直，线沿光滑平整。折角线深而宽，线底略呈弧形。

第四，玉器纹饰多为剔地浅浮雕和阴线刻，刻线呈细弧线和楔形，显然是用坚硬的器具刻划而成的。良渚文化玉器浅浮雕往往利用减地平凸的手法，突出主要纹饰，强化主题表达。

第五，兽面纹、神人兽面纹饰尤其特殊，纹饰由简到繁、由粗到精，很注重对称美。

第六，玉璧多为素面，雕琢粗糙。

第七，良渚文化玉器以体大自居，强调中轴线，追求均衡对称等，使器物显得深沉、严谨，展示出独特的魅力。

第八，良渚玉器的琢制，综合运用了镂空、透雕、浮雕及阴线刻等多种技法，特别擅长"阴线刻"与"剔地浅浮雕"，或两者的结合，并逐步形成了独立的琢玉艺术风格。

第九，良渚文化玉器环线有手工磨接和管钻旋磨两种加工方法，前者线痕浅细，线沿多"毛碴"。

第十，良渚文化玉器射线细密紧凑，接续痕明显。

第十一，良渚文化玉器常有"拉锯痕"。良渚玉器镂雕时，先在玉片上掏出小孔，再用"锯"锯去多余部分，俗称"锼"，又称"拉丝"，所用弦状拉条犹如无齿锯条，会在镂空表面留下拽拉痕迹。

第十二，良渚文化玉器特别注重眼形的琢磨，"良渚眼睛"较之红山文化玉器的"线刻眼"，在细节的刻画上更为丰富多彩。"良渚眼睛"除了单圈、重圈之外，还出现了卷云形、菱形、耳朵形、短直线形眼眶。

第十三，良渚文化玉器表面打磨光滑，特别是礼器玉器工艺考究，雕琢精细，打磨圆滑，出土玉器常出现"包浆壳"，也称"玻璃光"。

三、夏商周玉器收藏与鉴赏

（一）夏代玉器收藏与鉴赏

传说中的夏代，是中国第一个阶级社会。随着考古资料的不断积累，传说逐步变为现实，夏代文化正在不断被揭示出来。

据遗存的夏文化推测，夏代处于各地不同特点的玉器趋于统一的时期。

夏代玉器的风格，应是良渚文化、龙山文化、红山文化玉器向殷商玉器的过渡形态，这可从河南偃师二里头遗址出土玉器窥其一二。

二里头出土的七孔玉刀，造型源自新石器时代晚期的多孔石刀，而刻纹又带有商代玉器双线勾勒的滥觞，应是夏代玉器。

夏代玉钺造型变得繁复，由原来的直刃和弧刃，变成四面刃。从力学原理看，短四面刃的杀伤力会相对增强。夏代玉钺通常中间有孔，两侧6齿，扁平，素面。

夏代的玉璋是一种礼器。二里头文化时期，已经有了一套完备的礼器和礼仪制度，有人把二里头大规模的宫殿遗址推测为礼仪性的宗庙遗址。礼器的大量出现标志着礼制已成为当时重要的制度。夏代的玉璋通体磨光，柄与器身一侧各钻一圆孔，有的器身一侧的圆孔嵌一绿松石片。双面磨刃,凹刃,两边均有扉牙。

由于进入了青铜时代,玉石渐趋贵重,在人们的概念中,玉石和石头已有明显区别。

(二)商代玉器收藏与鉴赏

商代是我国第一个有书写文字的朝代。商代文明不仅以庄重的青铜器闻名,也以众多的玉器著称。

商代距今约3700—3100年。这一时代的社会经济,新兴的青铜业与传统的治玉业互为补充。

此时的治玉业在郑州二里岗文化的基础上有很大的发展。治玉工艺已从石器制作中分离出来,成为独立的手工业,采用青铜工具治玉。

商代玉器在我国玉文化中占有重要地位,为中外考古学家和艺术研究者的重要研究内容。这主要是因为商代玉器数量庞大,品种齐全,特别是中原地区出现了和田玉,工艺水平达到新高度。

(三)周代玉器收藏与鉴赏

周早期,由于受到高度发达的青铜文化的冲击,玉器已不能像在原始社会那样,在社会生活的诸多方面继续占主流或垄断地位了。

1. 玉礼器鼎盛

随着古代制度的完善,此时进入了玉礼器的鼎盛时期。此时各种玉器几乎都有:玉璧、玉琮、玉璜、玉圭、玉璋、玉环、玉佩、玉簪等礼玉和饰玉,玉斧、玉铲、玉刀、玉钺、玉戈等工具和兵器,还出现了猪、牛、羊、鸟、兽、人等工艺玉雕。

周王朝是殷商之后古代制政体在中国的又一个鼎盛时期。西周王朝近300年,社会生产力较商代有了巨大进步,手工业发展更为繁荣,玉府即当时周王室专门设立的玉器制作工场。

2. 盛行玉佩

西周时期,玉文化沿着殷商的轨迹发展,在佩饰上出现了新变化。如:串饰形式多样,长度加大,贵族玉佩多以璜为主件,杂以珠管,也有以多种形式的玉片配以珠管制成。西周玉器中玉璜甚多,说明西周时期盛行玉佩。

3. 玉质

玉质多为青玉、白玉、岫玉、墨玉、碧玉等,也有绿松石、玛瑙、水晶等珠形饰物。

4. 治玉工具

治玉工具也从石砣机进化为青铜砣机。工具的进步使经其加工的玉器线条具有流畅婉转的韵律感。玉器的时代风格渐趋统一，是此期玉文化的重要特色。

5. 数量及品种

西周的玉器偏重玉玩赏，早期玉器出土集中于关中地区，继承了晚商的传统品种，但数量较前代减少。新增较多品种，如串饰项链、凤鸟玉佩等。

6. 纹饰

纹饰丰富，较商代更趋于图案化、抽象化，与青铜器的纹饰风格一致。

常见纹饰既有写实性的、装饰性的，又有想象的，如凤鸟纹、鸟纹、鱼纹、夔龙纹、虺纹、饕餮纹、云纹、雷纹、谷纹。

龙纹呈头尾相对、双尾相交式，不同于商代的单龙单尾。

7. 造型

主流趋于写实和高度简化，形象生动，如鹿佩。

从总体上看，西周玉器的造型没有商代玉器活泼多样，而显得有点呆板，过于规矩，这与西周严格的宗法、礼俗制度也不无关系。

西周玉器的造型往往器形大而薄，却切割得平直均匀，纹饰简练而又精致典雅，整齐规矩的造型，精益求精的碾磨，无不体现出西周玉器作为礼器的特质。

此外，西周的玉鱼也较为经典，通常为乳白色透闪石玉，可见灰色斑痕，往往以单线雕出鱼头、鱼眼、鱼腹，嘴上有一小孔。

8. 雕刻手法

工艺上除继承了商代的优点外，还出现斜刻——较宽的阴线刻槽，底槽深浅不一，呈倾斜形。此斜刻不见于商代，春秋后也极少见。

西周玉器在继承殷商玉器双线勾勒技艺的同时，独创一派坡粗线或细阴线镂刻的琢玉技艺，这在鸟形玉刀和兽面纹玉饰上大放异彩。

此时玉器的工艺特点是较前稍为精细，有的玉器具立体镂空、平面浮雕等，线条略为简单，造型粗犷而形象较为逼真，反映出人们的审美能力和玉器加工工艺水平的提高。

总括而言，商周时代的玉器以形象单纯、神态突出、多用双钩隐起的阳线装饰细部为其特征，并出现了俏色玉器。

四、春秋战国玉器收藏与鉴赏

（一）春秋玉器收藏与鉴赏

春秋时期的中国玉雕艺术光辉灿烂，它可与当时地中海流域的希腊、罗马石雕艺术相媲美。

1. 地位

春秋时期，周室式微，社会动荡。各诸侯都大力制造青铜器、玉器，为其"挟天子以令诸侯"的僭越活动作礼仪上的准备。群雄争霸，诸侯贵族以和田玉为珍宝，出现了以玉息战事、以玉求宽释、以玉得官爵、以白玉为币之情形。

现存世的此期玉器数量颇丰，除东周王室玉器之外，还有春秋的郑、晋、齐、吴等，以及战国的韩、魏、赵、鲁、楚、秦等诸侯国玉器。这些玉器，或细密婉约，或粗犷豪放。物主生前所用及佩戴玉器大多精致无比，令后世无法企及，这与使用铜铁砣及玉人操作更为熟练有关。

由于统治者对玉器标准甚高，因而推动玉人碾琢玉器的技艺更加精进。可以说春秋时期是我国玉文化的第一个高峰期。

2. 品种

此时的玉器工具品种，礼器相对减少，玉璧和玉璜都较少，璜形器多为三分之一圆弧形。装饰用玉日渐盛行，佩饰大量增加，多为片状玉佩。

玉带钩和玉剑饰（玉具剑）是这时新出现的玉器。

春秋玉玦是春秋玉器的典型代表。就目前考古发现的材料来看，春秋玉玦是沿用时间较长的玉器之一。

3. 玉质

春秋时期进入以和田玉为主流的时代。

春秋战国时期，和田玉大量输入中原，王室诸侯竞相选用和田玉。故宫珍藏的勾连纹玉灯，是标准的和田玉。此时儒生们把礼学与和田玉结合起来研究，用和田玉来体现礼学思想。

4. 纹饰

春秋时期稍早的玉器，在器型、图案和做工上仍保留着西周玉器的遗风，善用双阴线来刻划图纹；在装饰上则进一步强化了西周晚期出现的在某一造型内雕琢单一的或相互交缠同体的龙纹图样，从而使细小变形且纠集在一起的众多龙纹经常出现在主体造型内，同时布局繁密，几乎不留余地。

春秋时期纹饰普遍应用，排列规整、细密，常见云纹、龙纹，其龙身细长如蛇。

饰纹出现了隐起的谷纹，附以镂空技法，地子上施以单阴线勾连纹或双钩阴线叶纹，显得饱和而又和谐。

春秋时期的玉多为素面，也有一些带有饰纹的，纹饰以勾连纹和蟠虺纹最为常见，比较少见的是涡纹等。

春秋中期以后，这种繁密的阴刻装饰线纹逐渐变得稀疏，并多以较宽的斜刀进行雕琢。到了晚期，线刻工艺逐渐减少，代之而兴的是去地隐起的浅浮雕技法的盛行。

这种在春秋时期流行的寄生于造型内的繁密且抽象的龙纹装饰，随着人们审美意识和文化观念的改变，逐渐消失。

春秋晚期盛行的龙纹眼睛退化，解体成云、谷相杂纹，并逐渐发展为谷纹、蒲纹、乳丁纹等工整规律的几何纹样；春秋玉器画面上盛行装饰的繁密细小的龙纹图样，在战国时已不再出现（特别是在战国中期以后）。

5. 工艺

由实物可知，春秋玉器是西周玉器的继续和发展。

春秋时期铁制琢玉工具的使用，使镂雕、透雕、浮雕技艺日益娴熟。

比较之后可以看出，春秋时期的玉器已由西周时的平面化、简约化，向隐起化、繁复化方向演变，为战国玉器的发展打下了牢固的基础。

此时，玉雕业向专业性转变，有了广泛的发展。铁器的广泛使用，导致了磨具的改革，加之解玉砂（即水砂）的应用，促进了琢玉技术突飞猛进的发展。

春秋战国时期各诸侯国竞相碾制，玉器工艺精益求精。

6. 玉文化

春秋时期，东周王室和各路诸侯为了各自的利益，都把玉当做自己（君子）的化身。他们佩挂玉饰，以标榜自己是有"德"的仁人君子。

"君子无故，玉不去身。"每一位士大夫，从头到脚，都有一系列的玉佩饰，尤其是腰下的玉佩系列更加复杂化。

春秋时期玉佩特别发达，能体现时代精神的是大量龙、凤、虎形玉佩，造型呈富有动态美的S形，具有浓厚的中国风格和民族特色。

春秋战国玉器在中国玉器发展史上占有极为重要的地位。它一改商周王朝那种简单古朴的风貌，创制了一大批造型、图纹及工艺风格都为之一新的艺术珍品，为我国玉文化谱写了光辉灿烂的一页。

然而长期以来，在古玉的鉴定和研究领域，人们总是习惯性地把春秋与战国时期的玉器统称为春秋战国玉器，将其艺术风格合并称为春秋战国玉器风格。

近年来，随着考古工作的不断深入，新资料的不断丰富，专家对春秋与战国时期的玉器有了进一步的了解和认识。通过观察对比，不难发现，春秋与战国玉器在工艺和装饰等方面是存在一定差异的，还是应分为两个不同时代的不同特色和风格进行研究。

（二）战国玉器收藏与鉴赏

1. 文化观念

战国时期，为适应当时统治者喜爱和田玉的心理，文人和统治者便将仁、智、义、礼、乐、忠、信、天、地、德等传统观念比附在和田玉物理化学性能上，随之"君子比德于玉"，玉有五德、九德、十一德等学说应运而生。

"抽绎玉之属性，赋以哲学思想而道德化；比较玉之尺度，赋以爵位等级而政治化。"是对当时礼学与玉器研究的高度理论概括。

这些观点，成为中国玉雕艺术经久不衰的理论依据，是中国人7000年爱玉风尚的精神支柱。

2. 玉质

此期玉质优良。战国时期王侯用玉多使用和田仔玉，玉质细腻温润，光泽晶莹，青白色较多，偶见白玉。

中小贵族均用地方玉材，是一些价格较低的本地或相距不远之地的美石。

3. 品种

战国玉器品种很多。从目前考古资料可知，战国玉器较之春秋玉器品种更加丰富，它突破了春秋时期多以小件为主的装饰玉等，出现了大型的玉璜、出廓玉璧、龙形佩、带钩等。

战国玉器以礼玉和饰玉为主，且增加了许多新品种，如玉带钩、玉剑饰、玉灯座等兼有实际用途和装饰性的玉器；环增多且样式新；出现玉印玺；出现最早的组佩。璧、璜、琮等礼器较春秋时代又有所增加。

故宫博物院历代艺术馆展出有三方战国白玉私玺，可知印玺始于战国初或稍早一些。据记载，秦始皇得和氏璧，丞相李斯撰文"授命于天，既寿永昌"八个鸟虫形篆字，然后命玉人公孙寿镌刻成国玺，方四寸，上有龙虎钮。

4. 造型

玉璧的形制和复杂的纹饰，是战国时期最高治玉工艺水平的代表作。象征玉器的风格更趋于写实，如马的各部位刻画逼真。

龙的形象占有突出地位。龙的形象有两种：一种是由虎豹等猛兽演化而来的，较多保留了虎的形象与性格上的特征；另一种则头长、身细、尾尖、四足，是从蟒蛇变化而成的。

传统 C 形构造的龙变成了弓形、S 形及其他更加活泼的造型。同时战国玉器作品中的神兽造型，均饱含着一种紧张的气势，大大增强了内在的精神韵律，充分显示了战国时期各路诸侯踌躇满志、意欲争霸的凌云气概。

5. 纹饰

战国玉器纹饰有如下特征：纹饰类型多，流行的有云纹、雷纹、蒲纹、谷纹、涡纹、网纹、龙凤纹等。

玉器边线上加刻阴纹或阳纹边线。

装饰更加多变，不但有谷纹、云纹等几何纹，还出现了螺璃纹、花叶纹及描写自然生活的图纹。

装饰图纹多为较密集的去地隐起的谷纹、卷云纹等。有的谷纹周缘还刻划出一条阴线，甚至使之勾连。此时浅浮雕玉器去地并不彻底，多沿图纹而碾磨，因此产生了一种时隐时现、变化多样的艺术效果。

6. 风格

战国玉器风格在中晚期表现尤其突出。玉器工艺经过不断的发展，越发呈现出一派辉煌的景象。此时玉料选择更加严格，洁白温润的和田玉比以前增多。治玉工艺更加成熟，而且由于普遍采用了金属类工具，所以战国玉器较之早期造型规矩整洁，器物边角犀利见锋，纹饰线条干净利落，绝无拖泥带水之处。

无论是浅浮雕、透雕，还是阴线刻划，均琢制得精益求精。特别是那张口挺胸、大幅度地扭动躯体的龙凤造型，明显地表现出一种刚健遒劲、勇往直前的气势和力度。

如我们常见的镂空龙形佩、出廓玉璧和各式玉佩等，那细润的质地，新颖的造型设计，滴水不漏、细致入微的雕工以及巧妙灵透的镂空，充满活力的线条和通体生辉的光泽，无不让人拍手叫绝，叹为观止。可以说战国玉器工艺的精细程度，在中国玉器史上达到了空前的高峰。

战国以统一的时代风格为主。东周时各地新兴的都邑已成为新的琢玉中心。由于各地治玉中心相互交流频繁，所以各地的玉器区别不甚明显，统一的时代风格是其主流。

7. 用途

玉器使用范围扩大。当时的玉器已不仅仅是最高统治者的生活器皿和自身装饰品，它的使用范围在逐步扩大，如有的武器已用玉饰，甚至还出现了祭玉。玉具剑于春秋晚期问世，其装饰常用玉标首和玉珌。至战国时期则新出现了玉剑格，在剑鞘上饰有玉璋。

8. 工艺

玉雕工艺一改几千年来的单纯简练和一味追求形似的古朴作风，转而以精雕细刻的工艺、生动传神的造型为特点。

此时琢玉技艺十分精湛。战国玉器上的线条，包括造型的轮廓线和纹饰的阴阳线，均锋利劲挺，准确流畅。

工艺更加精细，玲珑剔透，并多以镂空、浅浮雕的技法、巧妙的构思和独特的造型见长。同时集阴刻、浮雕、镂空、接榫、碾磨于一器，工艺复杂，难度极大，体现了战国高度的治玉水平。

铁器的使用使琢玉显示出高超的技艺，刻线细而利，走势扭曲委婉，古玩家称之为"游丝描"——是当时战国到西汉玉器断代的一个重要依据。

战国时期的玉器更加重视选料，镂雕和套环技术日趋成熟，纹样装饰丰富多彩，雕工精细巧妙，生动传神，其琢雕水平几近极致，达到了前所未有的空前高度。

战国时期素玦虽制作不甚工整，但仍占有相当大的比例，而饰纹玉玦虽在数量上不及素玦，但做工细致，造型美观，其纹饰以云纹较为常见，间或也有蟠螭纹等。

战国时期的玉器在抛光技术的运用上也非常独特，边角处理丰润，玉器的表面打磨平滑，抛光均匀，经过2000多年的流传，至今表面光亮度极高，被后世赞誉为"玻璃光"。

（三）春秋战国玉器的比较鉴别

1. 工艺差异

在制作工艺上，春秋玉器无论是造型、线条还是碾磨均显得较为浑圆。

战国玉器则棱角刚劲明确，线条清晰利落，同时镂空技法的使用比春秋时期更加普遍，并且技艺格外精湛细致，就连镂空之外的内壁也琢磨得光洁明亮，一丝不苟。

2. 装饰差异

春秋玉器善用众多的抽象变形、肢解整体的龙纹填充器物画面，从而显得繁密而不透气，初看似有一种似是而非的模糊感。

战国玉器装饰图纹较为稀疏，常见的谷纹、云纹、勾连云纹、S形纹、绞丝纹等，线条舒展流畅，工艺精细入微，主纹、地纹均清晰可见，观后使人赏心悦目。

3. 神韵差异

鉴定古代玉器，除了要掌握它的时代风格特征、工艺及装饰手法外，更重要的还应当细心体会其内在的神韵。就整体而言，春秋玉器在造型、构图、动态变化等方面较之战国玉器显得神气不足，平静而呆板。

战国玉器无论器面、边角还是布局，设计得当，通体皆灵，充满了强烈的动感和勃勃的生机。其实这种奋发的气势和艺术的活力，也是战国时代的精神所在，是战国人的气质、思想、文化使然。

综上所述，春秋、战国是中国古代玉器发展的高峰时期，镂空、浮雕等手法普遍应用。当时，带有政治与道德色彩的组佩玉器盛行，称为组玉，玉璧、玉环、玉龙、玉璜、玉管等皆成为组玉的一部分。

五、秦汉魏晋玉器收藏与鉴赏

（一）秦代玉器收藏与鉴赏

秦朝是我国第一个封建制统一国家，但仅存在了十几年就灭亡了，流传下来的具有明确纪年的文物很少。由于缺少参照物，因此很难对秦代的文物作出明确的断代。

从零星出土的玉器来看，秦代玉器与战国精细做工的玉器区别不大，还未见代表性作品。所以，秦玉艺术面貌还有赖于地下考古的新发现。

秦代玉器面貌特征不很鲜明，春秋战国时代秦国玉器与山东诸国玉器，秦代玉器与战国、汉初玉器都难以清楚地区分。

秦人的民族性格中，既有原始的山戎文化因素，也有春秋战国时代华夏礼仪文化的影响，但起关键作用的还是商鞅变法之后的功利主义。秦峻法重利，以法为教，人的个性被压抑，比作个人品德的玉器几乎停顿。大秦留下的煌煌大观兵马俑，弘扬了国家权力，艺术是在政治的需要下附属发展的。

赵良曾以"恃德者昌，恃力者亡"劝谏商鞅，后来果然为赵良所言中，不仅改革家商鞅惨死，强大的秦帝国也很快烟消云散。

到了汉代，中国古玉器艺术迎来了空前的转机，汉人总结秦人所失，重新拾起三代的玉器观念，玉器艺术也获得了空前发展。

（二）汉代的玉器文化

汉代是我国大一统的盛世，强大的国力促使其手工业生产亦相当繁盛，玉器在当时也攀上了古代玉器发展前期的最高水平。可以说，汉代玉器是中国玉文化史上一个大的转折点，是一个弃旧图新的时代。

汉代是中国文化史上的一个黄金时代。在人们的思想上，崇尚礼仪、注重节气成为一种社会风气。玉器发展到汉代，因为古代道德学说从礼制上能维护国家制度，故而汉武帝首先"罢黜百家，独尊儒术"，从而使以礼器、佩饰为主的玉器体系，得到了很大扶持。

汉代进入铁器时代，用玉制作生产工具、兵器已属少见。由于古代社会的消亡，玉石用于礼器者亦日益减少，做饰物者渐多。汉代玉器继承战国玉雕的精华，继续有所发展，并奠定了中国玉文化的基本格局。

考古出土的汉代玉器有上万件，遍布全国。汉代玉器的材质主要是软玉。汉武帝时，张骞出使西域,开通了遐迩闻名的"丝绸之路",新疆和田美玉沿着"丝绸之路"源源不断进入中原,使得玉器制作业得到极大的物质保证,开创了和田玉主导后代玉器材质的历史潮流;同时,也改变了汉代以前不少玉器就地取材,使用当地较次玉材的境况,从而使得汉代玉器的质量有了质的提高。

(三)汉代玉器的工艺

由于汉代的国力强大,沟通了西域与中原的交通往来,优质的玉材,源源不断地从西域而来。此时出现了许多精美的作品,代表了这个时代的最高水平。汉代玉器继承了战国时代玉器的传统,并有所变化和发展。

汉代玉器以琢工精细、造型灵巧、变化丰富为特征,并流行一种外缘有镂雕附饰的出廓玉器。汉代玉器继承了先秦的部分纹饰,出现了一些新纹饰,在雕刻手法上有所创新。

纹饰除沿用战国的勾连谷纹外,还大量使用饕餮纹(如图 4-3)和螭虎纹(如图 4-4)。

图 4-3 饕餮纹

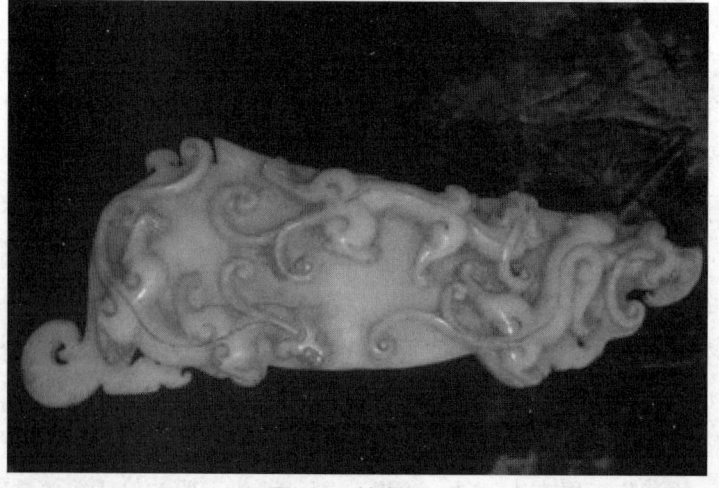

图 4-4 螭虎纹

东汉时，阴线刻纹又复苏盛行，绘画趣味有所加强。河北定远出土玉屏上的阴线刻东王公、西王母，即是一幅白描线画。

此时纹饰仍可分为几何纹和动物纹。涡纹、谷纹、蒲纹最常见，几何纹与龙纹、凤纹等动物纹常组合出现。出现植物图案纹饰。

在雕琢工艺方面，圆雕、高浮雕、透雕的玉器和镶玉器物较前增多。纹饰的风格由以抽象为主转向以写实为主，一些像生类玉器也有了现实感和生命力，形神能巧妙地结合于一体，这些都为先秦玉器所不及。

雕刻手法多样，既有精细的一面，又有粗犷的一面。

精雕细刻者多，透雕更加普遍，大量使用高浮雕，仍使用"游丝毛雕"工艺。采用特色的"汉八刀"工艺，用简练、准确的几刀刻划出造型，如玉翁仲、玉蝉、玉猪。

汉玉隐起处常用细如毫发的阴线雕饰，有如古画上的游丝描一般刚劲有力，以弥补其立体感不强的弱点。这是汉玉技法上的一个特点，对后世玉器有着深刻影响。

（四）汉代玉器的造型

在丰富多彩的汉代玉器中，舞女玉佩是较为常见的一种。汉代流行的舞女玉佩，并非汉代独创，其渊源当在春秋战国之交。汉代的舞女玉佩年代，较早的标本见于西汉文、景（帝）之际，最晚的标本到东汉安、顺（帝）之时仍有孑遗，其中尤以西汉晚期最为常见。

如西汉文景时期的舞人玉佩，器形多呈较为规整的长方形，人物虽多数为女性特征，但也偶有男性。面部表情呆滞，舞姿生硬，动感不强。做工上基本镂空，纹饰均用阴线刻划，虽很繁缛，但既浅又不流畅。

元、平（帝）时期的舞女玉佩，器型打破了规整对称的约束，完全依造型要求而定。人物皆为年轻女性，面目俊美，身材苗条，舞姿生动。镂雕而成，纹饰除用阴线勾画，还用减地法修成边棱凸起的凹槽，既突出了表现形式，又增加了人物的立体感。东汉安、顺（帝）时期的舞女玉佩，与西汉元平时期大致相似，只是头上多了长发和两支长笄，肩披帛带。

（五）汉代玉器的鉴定

汉代是中国玉器工艺进步和走向成熟的一个新时期，因此后来各个时期仿汉的玉器较多。这里以玉璧为例，可摸索到鉴定规律。

玉璧是古代贵族所用的礼器。不同时代和不同情况下，也有起信物和装饰物作用的。汉代的玉璧，上有小孔，就是用来穿线做佩饰或挂在墙上做装饰用的。

汉代玉璧与新石器时代的玉璧有所不同，新石器时代的玉璧多光素无纹饰，器形比较简单。商周时代的璧，厚薄不均，形制也不规整，内外大都不够圆，多为弦纹。春秋战国时，璧则相当规整，并有蚕纹、谷纹、蒲纹、兽纹等雕饰。

汉继承前代风格，雕工比较精细。汉以后至宋元时代，玉璧不多见。明清时代又兴盛起来，并出现大量仿古制品，璧上常见精细的浮雕和螺旋状纹饰。

清代的龙纹蒲璧系仿古作品，在纹饰、工艺方面完全仿汉代，但同汉代又有区别。汉代璧为水玉制成，玉里含有白斑，古董商称为"饭渗"，清代使用的是质地纯正的青玉、碧玉；汉代玉璧带有水沁或土沁，这种沁色，清代璧上一般不仿制。

（六）三国两晋南北朝玉器

三国、两晋、南北朝，直到隋唐时期，玉器风格基本继承两汉传统，但实物流传甚少。

魏晋南北朝时期，中国社会处在一个南北分裂、动荡不安、战乱频繁的大环境下，整个社会的发展受到极大的影响和限制。在这样的社会条件下，玉器的发展同样受到了抑制。

此时很少见各种玉用具和玉佩饰出现，说明此时无论是玉器的加工制造还是社会保有量都大大减少。

六、隋唐玉器收藏与鉴赏

（一）隋唐玉器文化

隋朝历史很短，不足40年，但却是一个承前启后的朝代，它为大唐帝国的创建奠定了根基。

在玉器史上，隋代陶玉器工艺也不曾有什么独特的建树，可它却为一个新的玉器时代拉开了序幕。

隋、唐两个古代王朝的建立，最终结束了400年的战乱，国家从统一走向强盛，玉雕工艺也随之再次兴起。

隋、唐是我国社会的两大强盛帝国。这一时期国家强盛，经济发达，国富民强。特别是唐代，国力雄厚，疆域远及西域，且与印度、古波斯等国有交往，经济、文化得以广泛交流，汲取了一些外来营养，使得多种文学艺术共同发展。外来文化进入中国，给中国人带来了许多新鲜的事物与观念。

这也反映在玉文化的发展上。受波斯文化的影响，隋唐玉器上出现了一些新的造型和图案。佛教题材玉器有飞天，肖生玉有立人、双鹿、寿带、凤等，都受到当代绘画与雕塑艺术的影响。

唐朝信仰佛教，许多玉器便为佛像或佛像饰物、佛教用品；唐代的玉器还被赋予浓厚的神话色彩和生活气息，人物形象日趋丰满和逼真，线条也较精细。

唐代玉器数量虽不多，但所见玉器件件都是珍品，碾琢工艺极佳。所以专家认为唐代玉雕在中国玉文化史上占有重要的地位。

晚唐至五代十国时期，中国再度出现分裂，战乱频频，民不聊生，社会经济严重破坏，玉文化也受到极大的影响。现今出土明确为五代十国的玉器少之又少。

（二）唐朝玉器的玉材和品种

唐代朝廷玉器有祭祀及礼仪两大系列，前者主要是封禅用玉册和帝王盖棺定论的玉哀册；后者有玉带板、玉步摇等。

唐朝所用的玉料中除了岫玉之外，新疆软玉大量出现，雕工们普遍采用产自西域的和田玉，也就是我们所说的"西方玉属"。

和田玉温润晶莹的特性在各种玉雕人像、动物造像中也得到了充分的体现，从而使形象美与玉材美和谐地融合为一体，提高了玉器的艺术性和鉴赏性。

玉质有青玉、黄玉、墨玉、白玉，其他玉石品种也逐渐增多。

这时的玉雕品种中，实用器占很大比重，随着对外文化和贸易的交流，佛教日渐兴盛，玉雕工艺在造型和技法上充分体现了东西方文化交流的成果。

唐代佛教玉器主要有玉佛和玉飞天两种。玉飞天在传世玉中较多，多作女性形象，其形体可与敦煌壁画"飞天"相媲美。

唐代宫廷用玉实际都是装饰玉，不过这种高贵的装饰玉不流行于民间，而在宫廷使用，所以归入宫廷玉器类，主要有玉带板和玉首饰两大类。

器皿玉器始见于商代，由于社会及技术方面的原因，直到唐代才有长足发展。

唐代的摆饰玉器，实际多半是肖生玉器，多为动物形象，其用途则为摆饰用。唐代摆饰玉以人物、动物居多，既有中原人、中原物，又有西域人、西域物。

饰玉新增玉带、玉飞天。

陈设及实用玉器新增玉佛像、玉观音、玉人、子母狮、玉笔山等，玉鱼、玉龟、玉器皿、玉梳背等也骤然增多，且造型和纹饰新颖。

唐代玉器品种发生了一定变化，从西安地区出土的玉器看，唐代玉器有它不同于以往的艺术特征。如玉带銙，是鞋（皮革带）上镶嵌的装饰，代表一定身份的佩戴物。

唐代的带金、银、铜、玉等，社会地位不同，所用的銙的质地也不同，带銙上的数量与纹饰也有差异。用銙的制度是极严格的，以玉銙为最贵，只能是三品以上显贵官员佩戴。西安市何家村出土的玉带銙，带扣有玉质的，片状方形，薄厚均匀，制作精细，上面雕刻人物、动物、花卉等等；带尾，也称砣，片状长方形，其中一边为凸弧形。

（三）唐代玉器的技法

唐代玉器加工技艺已趋成熟，砣法简练遒劲，突出形象的精神和气韵，颇有浪漫主义色彩。尤其是立体肖生形象的肌肉转折处理能收到天然得体的良好效果。

唐玉雕形象不同，表现的手法也不同，琢磨技术高，表现能力强，往往既抓大形，抓主要部位，又精雕细凿。

在唐代的玉雕器皿中，可以看出当时雕刻艺术在继承传统的同时，也吸收外来文化之长，兼容并蓄，创造出一副全新的面貌。

人物的刻画在正确处理人体结构比例的基础上多采用夸张手法。如飞天侍女，受佛教艺术的影响，一般横身，手持花枝，身下有几朵镂空的云或卷草，脸形丰满，上身裸袒，下着长裙，衣裙贴于腿上，以显透内部体形，表现女性婀娜多姿的特性。

　　动物坠饰题材广泛，羊、鹿、犬、猪、骆驼、瑞兽等，表现它们温驯、忠厚、吃苦耐劳的性格，狮子、怪兽等则表现其刚劲有力的勇猛气势，飞鸟、花草与流云搭配表现娴雅吉祥，无不具有浓郁的生活气息。

　　雕琢技法继承了传统的减地、压地、剔地、镂雕、圆雕等手法，并加以改进和创新。

　　具体地说，纹饰图案有人物、动物、花卉等，或压或减或剔等以突出主题，然后用流畅的阴线和密集的短小纤细阴线刻画人物衣服褶皱、花卉叶脉与花蕊、飞鸟羽翅等，表现力强，真实生动，具有鲜明的时代风格。

七、宋元玉器收藏与鉴赏

（一）宋代的玉器文化

　　宋代承五代大乱之余，虽不是一个强盛的王朝，在中国文化史上却是一个重要时期。

　　宋代是一个手工业和工商业空前发展兴盛的时代，国富民强，文化发达。宋、辽、金既互相挞伐又互通贸易，经济、文化交往十分密切，玉器艺术共同繁荣，此时期的玉器正处在一个承前启后的转折阶段。

　　宋内廷专设有玉作，玉料由西域诸国进贡。民间用玉也较前朝为盛，大量出现各种玉佩饰及玉用器。

　　皇家、官僚及民间均风行收藏古玉，古董行开始出现伪造或仿造古玉之风气。因此，宋玉又被分为古玉、时作玉、伪古玉和仿古玉。

　　两宋及其同期或稍后的辽金玉文化去除了隋唐五代繁杂的外来文化因素，又继承和发展了隋唐玉文化的世俗化、艺术化特色，特别是融会了两宋绘画的特点和技巧。

　　宋元各代沿用了唐代的按照礼书制作玉制礼器的做法，璧、琮、圭、璋、璜、琥又重新被使用。

　　北宋兴起的金石学引发了士大夫们收藏古董的兴趣，销售玉器的市场应运而生，经营仿古玉和世俗玉。

　　宋代是中国玉雕工艺的发达时期，这时玉雕行业初具规模，玉雕市场应运而生，出现了专门贩卖玉器的店铺，朝廷也选一些民间高水准的琢玉工场作为皇家"玉院"，由宫廷指定其制作一些玉器。

（二）宋代玉器的种类

　　此时的皇家用玉品种丰富多样，佩饰类有玉束带、玉佩，用具有玉磬，礼器有玉圭、玉册等。

　　玉器种类从总体上看，较以前有很大变化。此时的玉器可归为五类：饰玉、实用玉器、陈设玉器、仿古玉器、礼玉。

饰玉有玦、玉钗、玉环、戒指、手镯、项圈、鸡心佩、簪、玉带、带钩、长方形玉饰、三角形玉饰等。

实用玉器有器皿，如杯、盘、盏、壶等。

宋代实用玉器皿不仅比唐代品种多，数量也多。文房玉具已不再仅仅是文人把玩的玉件，而且出现了可供文人书写的实用具。

文具有笔筒、笔洗、笔架、纸镇、砚、印池、玺印等。

其他玉器有帐坠、扇柄、刀把、梳背等。

陈设玉器有瓶、炉、盒、壶、山子、插瓶、花插、桂屏、动物、人物、瑞兽等。

宋代现实主义思潮影响着玉器的表现题材和造型。

宋代的玉剑将玉器制作推进了一步。从历代古玉书与目前考古发掘的情况可知，玉剑饰始于春秋战国晚期，盛行于汉代。玉剑饰中有玉剑首、玉剑格等。历代古玉专家对玉剑饰叫法也各有专著。

玉剑饰所饰之剑称为玉具剑。玉具剑虽盛行于汉代，但历代都有仿制，所仿玉剑饰不一定都用于装饰玉具剑，有的成为人们腰间的装饰。

南宋的玉荷叶杯，北宋的花形镂雕玉佩，女真、契丹的"春水玉""秋山玉"，是代表这一时期琢玉水平的佳作。

（三）辽代玉器收藏与鉴赏

辽代是中国东北辽河流域由契丹建立的地方政权，907年由耶律阿保机创建，其疆域控制整个东北及西北部分地区。

辽代政治、文化较为落后，但因为长期与汉族比邻，受先进中原文化的影响，所以在文化及用玉制度上，均受宋文化的影响，如皇帝系玉束带，五品以上官吏服金玉带。

辽代玉器制度，有其自身特点：

首先，在用玉上，崇尚白玉，尤其推崇和田白玉。

其次，契丹贵族金银玉互用。契丹贵族把一些价值连城的佳材融为一体，制成精美绝伦的工艺品，反映契丹族的工艺水准，同时又折射出契丹贵族奢侈的生活。

再次，契丹贵族真玉宝石兼用。

此外，辽代玉器具有其独特的民族风格。玉带板是辽代重要的朝廷用玉，其特色是定数不一，厚薄略有出入，多光束无纹，四角常以铜钉铆在带上。

辽代肖生玉器以动物造型为主，植物和几何造型很少，这可能与契丹以游牧经济为主，长期与动物为伍有关。

辽代代表性玉器种类主要有双鹅带盖小盒、玉飞天、玉带板。

（四）金代玉器收藏与鉴赏

金代所处和南宋相对峙的特殊年代，同时又是北方少数民族所创建，因此其玉器具有浓郁的时代特色与民族风格。

女真族在契丹辽代及北宋地区大量掠夺珍宝，刺激了金代玉器的发展。金代统治区域包括今东北三省、河北、陕西、山东以及河南、安徽、江苏一带的广大地区，他们善于学习先进的中原文化，促进了金代玉器的发展。

金代有较为充足的玉料、玉匠，这也加速了玉器的发展。金代玉以回鹘贡进或通过西夏转手得到新疆玉。为了确保玉材的使用，金规定朝廷多用和田玉琢制，祀天地之玉皆以次玉代之。金在扩张过程中俘虏的大批玉匠，有的原在辽境内，有的直接从北宋境内掳掠而来。

常见的春水玉多表现残忍场面，通常是海东青追逐天鹅图。

海东青是一种神鸟，又名鹰鹘、吐鹰鹘，主要生活于黑龙江流域。它体小机敏，疾飞如电，勇猛非凡，自古以来深得我国东北各民族的喜爱，有专人进行驯养。

在金代，秋捺钵也称伏虎林。在雕琢技法上，常留玉皮色作为秋色。在表现手法上，秋山玉有繁简粗细之分。场面不像春水玉残酷无情，而是兽畜共处山林，相安无事，一幅世外桃源的北国秋景。

嘎拉哈玉玩具也是一种充满女真民族情趣的玉具。玉嘎哈拉是女真贵族儿童的玩具，中间有穿孔，可随身佩戴。玉形似羊或狗的髌骨。类似于汉族童子玉坠，似有希冀少年福祉不断之意。因是羊或狗之骨，是北方主要食用动物之骨。

金代玉佩是艺术，不是孤零零地表现一个物体或一件动物，而是花与鸟、龟与荷叶、鱼与水草相辅相成，动静结合，表现出周围的环境特点，富有生活气息。

金代代表性玉器种类主要有青玉龟游佩、白玉花鸟佩、双鹿镂空玉牌饰、春水饰、圆雕玉人。

可见，辽金玉器的特点表现在：纹饰工艺富有鲜明的民族特色，如"春水""秋山"；巧用皮色，俏色玉的运用盛行；用纹饰题材来表达人们的主观思想和情感，突破了以玉材特性比喻君子之德的传统。

（五）元代玉器的艺术特点

元代时期的玉雕沿着宋代开拓的世俗化、装饰化方向发展，一方面艺术有所退步，另一方面雕技有出新之处，有些作品风格独特。

元代玉器的艺术特点是玉器形体气势较大，雕琢技艺炉火纯青，装饰技巧新颖别致，花卉纹、螭虎纹装饰应用得非常成功，倭角的处理非常得体。

元代玉匠在方形玉器的处理上，既有硬挺挺的直角，也有流动的倭角，刚柔并济，同时在边框内外缘刻两条粗阴线，更使元代玉器的线角显得十分优美。

元代玉器的搭配技巧十分熟练，仿古玉在唱主角。

元代最显著的仿古玉实物，要算玉瓶与玉尊，而仿模的对象或是周代青铜尊，或是早期陶瓷贯耳瓶，为清玉器大量摹青铜器、陶瓷器开了先河。

元代出现了很多新颖玉器，如玉押、帽纽玉带环、玉带扣等。

元朝政府网罗了大量的工匠，官办手工业生产得到发展。同时，题材上沿用宋金玉器传统题材：花卉纹延续，螭虎纹再兴，春水玉、秋山玉进一步世俗化。螭虎是龙子之一，始见于西汉，历代虽有雕琢，但用得均不多，元代螭虎纹不仅应用得多，而且非常成功，并创造出元代的风格。

元代玉器的一大特点是朝廷琢制巨型玉器：由于受玉材及雕琢技艺的限制，中国玉器一向以小巧玲珑著称，因而常被划入古玩类，其科学艺术及历史价值常被研究者忽视。

元玉器中有两种是与蒙古族相联系的：一是玉押，供签署公文、告示之用，一品高官方可使用，十分珍贵；二是玉帽顶。

文人用玉制造文具，仿古尊彝玉器继续流行，古玉的搜集、保存、鉴赏在文人中一如既往，风行不止。

元玉器继承宋、辽、金玉器形神兼备的造诣而略呈小变，其做工渐趋粗犷，不拘小节，继续碾制春水玉和秋山玉以及从南宋继承下来的汉族传统玉器。

元玉器还受到文人书画的影响，发展了碾琢文人诗词和写意山水画的玉器，也往往镌刻名家款识，追求文人高雅的情趣。

元代的出土玉器数量极少，这可能是因为元朝统治者对使用玉器有一套等级森严的制度，但元朝帝王的宫殿里却无处不有玉。

元代玉带钩曲线较为平缓，但玉器增大，多呈琵琶形。

八、明代玉器收藏与鉴赏

（一）明代玉器的演变

明代玉器工艺的发展演变经历了三个时期。

1. 明初玉器

明初的玉器受宋元风格影响较大，中晚期才渐渐有了独立的风格。

明初玉器出土和传世的均有佳作，风格继承元代，做工严谨而精美。

严格地说，早明的玉器并没有自己的风格，许多出土的精美玉器如上述的玉带板应该归入元代玉器的范畴之中，或者其原本就是元代遗留的玉器。

传世的青白玉镂空蟠龙带环，是永宣时期御用监所制，碾琢工整，形象细部交代明确，一丝不苟，与永乐雕漆、紫禁城内钦安殿白石栏板图案一脉相通，标志着洪武至永乐年间明代玉器的特有格调已露端倪。

2. 明中期玉器

自成化至嘉靖中期（1465—1544）的玉器，多集中出土于南京、上海、江西等地。

明朝中期的玉器趋向简略，承袭元末明初文人文化的兴盛，出现了具有文人色彩的玉器。

明中期玉器的加工与集散多集中于东南地域如南京、上海、江西等地。这一时期的玉器开始显现出明代社会的特点，玉器的制作加工也可真正代表明代社会的特征。

3. 明晚期玉器

嘉靖中期至崇祯十七年（1545—1644），城市经济繁荣，玉器产量增加。当时苏州治玉业代表着全国玉器工艺的发展趋势。

当时古玉已成为古董（或称古玩），是高价的特殊商品。商人为了获取高利，便用劣质玉掺色玉等廉价玉材制造了大批假古董，玉器数量激增，艺术上明显变得粗糙，精工者较少，多与金银宝石镶嵌工艺结合。

因明中晚期城市经济繁荣，手工业发达，海外贸易频繁，整个工艺美术为商品生产和外销所支配，于是出现了追求数量而忽视艺术的不良倾向。此时期玉器造型装饰均极烦琐，且技艺低下，玉质不佳。粗制滥造是此期玉器的普遍现象。

随之，玉器工艺也出现了商品化的趋势，玉器胎厚重，造型呆板，做工草率，装饰烦琐，流传至今的有大量的玉壶、玉杯。

在图案方面，与晚明社会风气相符，福瑞吉祥的谐音题材甚为风行，这种"图必有意，意必吉祥"的图案，首先是为了祈福，其次才顾及审美。

玉文化中的城市庶民、文人的成分与影响在这个时代有所增强，这是城市商品经济繁荣、玉器生产商品化的结果，也是我国玉文化的新变化。

（二）明代玉器的工艺

明代玉器在继承宋代玉器特点的同时，出现加工粗放和碾琢烦琐两种互相排斥的倾向。其工艺特点如下：

琢工刚劲有力、粗犷浑厚，往往忽略细部的琢制。前期保留元代的深层立体雕刻，中期出现分层镂雕手法。玉雕胎体比较厚重，尤其是杯、壶等器皿。仿古玉器的技艺日臻成熟。

明玉器渐趋脱离五代、宋玉器形神兼备的艺术传统，形成了追求精雕细琢装饰美的艺术风格。同时，古玩界为适应收藏、玩赏古玉器的社会风气，还大量制造了古色古香的古玉器赝品。

明代玉雕工艺较前代进一步发展，有些作品精细规整，镂空雕刻更加复杂细致，出现了"三层透雕法"，并继承了宋、元开创的"花下压花"技艺。

元代使用的多向打孔的管钻镂空法，在明代也得到了更广泛的运用，最典型的是透雕玉龙游于众多花叶之间，工艺复杂，手法巧妙，令人叹为观止。

（三）明代玉器的特色

1. "粗大明"是明代玉器的碾玉特点

"粗大明"的意思是粗犷、宽大的玉器属明代，也就是说，明代的碾玉特点粗犷、宽厚，常常忽略细部的处理。

每个时代都有每个时代的碾玉特点，如周代神秘、汉代灵巧、唐宋自然、元代大气……而明代玉器的碾玉特点是粗犷浑厚，不拘小节，这应是由大刀阔斧的元代北方之工匠碾玉演变而来，古玩鉴赏家将这些特点形象地概括为"粗大明"。

2. 金玉珠宝是明代玉器的镶嵌特色

明代由于海上贸易的拓展，得到了大量贵重珠宝，同时中国传统的玉器观念在明代得到更大发展，因此，金玉珠宝、珠光宝气是明代玉器碾琢、装饰的又一特色。

3. 诗书画印是明代玉器的艺术特点

由于玉器在明代深受知识阶层的喜爱，尤其是大量的文具、文玩及陈设玉，更能点缀文房，陶冶情操，成为风雅玩物。因此，明代玉器也深受文人画艺术的影响。

当时苏州琢玉业受文人画影响很深，在玉器上出现了前所未有的诗书画印艺术。

在玉器上出现文字，始见于汉唐，但其实文字多为祭祀或辟邪，多用阴刻法琢出，艺术表现力受到限制。明代诗文多用留地浅浮雕琢出，能充分显示出书法艺术的笔墨韵致，其经营位置十分得体，常在画面的空白处或一侧面，与书画题跋几乎没有两样，并且诗文的内容常与画面相关联，得到了相得益彰的艺术效果。

4. 花下压花是明代玉器的装饰特点

明代玉器大多浑厚粗犷，但玉带板等饰玉则雕琢得十分精细，可以说，明代玉器是粗犷与精细并存。

花下压花是明代玉器的装饰特点。明代花下压花镂雕技术表现在三个方面：

一是在平面片状玉器上，用超高的镂空技艺能镂雕出两层至三层花纹。

二是镂雕的多层花纹，不仅能表现出具有较好透视关系的上下层花纹，而且能在剔留的上层花纹上琢出具有故事情节的复杂画面。

三是明代镂雕的花纹不仅能使在平面上的图案得到充分表现，而且能表现立体层面。

九、清代玉器收藏与鉴赏

（一）清代玉器的四个时期

清代玉器以精细见长，其发展可分为四个时期。

1. 萧条期

顺治、康熙年间逐渐淘汰了明末玉器粗制滥造和格调不雅的缺陷，出现了繁荣景象。但清初准噶尔部分裂势力猖獗，堵塞了和田玉的来路，阻碍了玉器工艺的正常发展，使康熙初至乾隆二十四年（1759），长达115年间的玉器工艺处于萧条状态，产量很少，传世的玉器更为少见。

2. 昌盛期

乾隆二十五年至嘉庆十五年（1760—1810）为清玉的昌盛期。乾隆二十四年平息了回部大小和卓的叛乱，次年新疆即开始贡玉，每年春秋两贡竟达2000千克玉石，为皇家玉器工艺的发展提供了丰富的原料。

乾隆帝喜爱古玉和时作玉，玉石来源解决之后，从苏州招募名工充实养心殿造办处玉作和如意馆，加紧赶制玉器，不久又向苏州、扬州、南京、杭州、天津、淮安、凤阳、九江等八处摊派玉器活计。所以，这时宫廷玉器充斥着各个殿座。

清代乾隆时期的玉器因玉材丰富、皇家提倡和社会需要，技艺成熟，达到空前的高峰。另外，中国维吾尔族的碾玉工艺富有地方色彩，是中华民族玉器艺术宝藏的组成部分。在后期古代社会仿古思潮影响下，以"返朴"为目标，追仿"汉玉"风格而生产的各式玉器，被称为仿古玉，这种玉器始于宋而盛于明清，有着自己特殊的美学价值，也是古代玉器的组成部分。

3. 衰微期

嘉庆十六年（1811）始，新疆玉贡减半，道光元年（1821）时完全停止玉贡。于是，宫廷玉器日渐衰落，有时甚至停止碾制。地方大城市的玉肆，也因原料不足逐渐衰落下来。建都于南京的太平天国的天朝政权，曾设"玉器衙"专为王妃和天朝政权治玉，如传世的太平天国天王玉玺和幼天王玉玺。

4. 复兴期

清玉后又开始复兴。和田玉虽顿减，却以岫岩玉代之，琢玉多面向民间。内廷玉作仅有工匠一人，形同虚设。帝后用玉均交苏州织造玉作琢治，或命粤海关采办，贡进内廷。北京的玉肆在几次战争中没有受到多大摧残，更有所发展，已成为全国最大的玉器产地。光绪二十年（1894）慈禧六十寿辰时大学士福锟等人进贡的"玉石仙台"，代表了此时北京玉器简朴浑厚的艺术特色。

（二）清代玉器的主要特征

清代玉工善于借鉴绘画、雕刻、工艺美术的成就，集阴线、阳线、平凸、隐起、镂空、俏色等多种传统做工及历代的艺术风格之大成，又吸收了外来艺术影响并加以糅合变通，创造与发展了工艺性、装饰性极强的玉器工艺，有着鲜明的时代特点和较高的艺术造诣。

清代玉器，无论是玉材的选择（以和田玉和翡翠为主）、玉材的数量、生产规模，还是玉器的数量和品种、加工技术、纹饰都远非历史上任何一个朝代可以相提并论，堪称中国古代玉雕史上最后一个高峰。

玉山子是清代新式玉器，大禹治水图是我国现存最大的玉山子。清代兼蓄西域痕都斯坦玉器的琢玉成就，琢制了一批胎薄如纸、轻巧俊秀的"番作"玉器。

清代玉器多样化的原因，除玉器造型、装饰风格外，也与产地不同有关。清代玉产地主要有宫廷、苏州、扬州，呈三足鼎立趋势，各具特色。

造办处玉作，体现皇帝旨意。

苏州玉器，以精巧见长。赫赫有名的陆子冈、姚宗仁、郭志通，均出身于苏州专诸巷玉工世家。

专诸巷玉器，玉质晶莹润泽，娇嫩细腻，平面镂刻是专诸玉作的一大特色，而其薄胎玉器，技艺更胜一筹。

扬州玉作，以玉山子著名。如果说苏州玉雕以小巧玲珑见长，扬州则以大取胜，玉如意、玉山子是扬州玉雕业的著名品种。

扬州玉山子艺术特色鲜明，玉匠善把绘画技法与玉雕技法融会贯通，注意形象的准确刻画和内容情节的描述，讲究构图的透视效果。

（三）清朝玉器的工艺特色

清代玉器大体沿用明代的图案纹饰，有的雕琢更加精细，甚至出现艺术水平逊于技艺水平的情况。

清玉器借鉴绘画、雕刻、工艺的表现手法，汲取传统的阳线、阴线、平凸、隐起、起突、镂空、立体、俏色、烧古等多种琢玉工艺，融会贯通，综合应用，使其作品达到了炉火纯青的艺术境界。

清朝玉器雕刻工艺上有四大特色——大、薄、精、新，具体表现为：

第一，大型玉雕是当时琢制水平的标志之一。如乾隆一朝就有多件千斤以上玉雕作品问世。大禹治水山子是世界上最大的一件玉雕。玉料来自新疆叶尔羌密勒塔山，原重5350公斤，耗时3年多，行程4000多公里，运到扬州雕刻，再运回故宫寿乐堂，刻上御制诗，共花费了10年时间，用工10万多人次，耗银上万两。

第二，一些大碗、盘子、瓶、花熏等薄得近乎透明。

第三，雕琢工艺精湛，高浮雕、浅浮雕、线刻、刻款、多层透雕等多种技艺巧妙结合。

第四，作品构思奇妙无比，巧妙利用皮色创作。

第五，玉器上刻诗、刻词、刻年号、刻吉祥语是清代玉雕的一大特点。

第六，玉雕作品直接表现自然。

这时以宫廷玉器为代表的清代玉雕，数量之多，品种之全，加工技术之高，装饰之华美，达到空前绝后的地步。

清代盛行的仿古玉雕，由于过于讲究精工与规矩，造型与纹饰都略显呆板。

参考文献

[1] 杨碧云. 中国艺术品投资与鉴赏[M]. 北京：北京燕山出版社，2017.

[2] 刘道荣，唐旭光. 辽宁河磨玉收藏与鉴赏[M]. 北京：文化发展出版社，2017.

[3] 向文天. 收藏赏玩指南——根雕[M]. 北京：新世界出版社，2017.

[4] 谢崇桥，李菊生. 天下收藏：瓷器[M]. 上海：上海科学技术出版社，2017.

[5] 冷雪峰. 收藏赏玩指南——翡翠[M]. 北京：新世界出版社，2017.

[6] 李苍彦，方东亮. 天下收藏：翡翠[M]. 上海：上海科学技术出版社，2017.

[7] 柏德元，谢崇桥，陈同友. 天下收藏：红木家具[M]. 上海：上海科学技术出版社，2017.

[8] 段洪刚. 中国铜元收藏十二讲[M]. 长沙：湖南美术出版社，2017.

[9] 沙家枥. 定窑瓷器探索与鉴赏（下）[M]. 长沙：湖南美术出版社，2017.

[10] 肖斌编. 鬼斧神工：根雕·木雕·玉雕·石雕收藏与鉴赏[M]. 北京：新世界出版社，2018.

[11] 刘越. 收藏之眼：20世纪海内外中国陶瓷收藏大家[M]. 上海：上海书画出版社，2018.

[12] 邹婧. 艺术品鉴赏(上)[M]. 北京：清华大学出版社，2018.

[13] 邹婧. 艺术品鉴赏(下)[M]. 北京：清华大学出版社，2018.

[14] 朱蒙. 紫绿玛瑙收藏与鉴赏[M]. 西安：西安出版社，2018.

[15] 王尤，高艾荣，王芳. 美术鉴赏[M]. 延吉：延边大学出版社，2018.

[16] 姚泽民. 书画收藏与鉴赏宝典[M]. 北京：化学工业出版社，2018.

[17] 岳宗武. 邮票鉴赏投资指南[M]. 北京：中国大地出版社，2018.

[18] 何鸿. 艺术品收藏与鉴赏[M]. 杭州：中国美术学院出版社，2019.

[19] 周文翰. 中国艺术收藏史[M]. 北京：商务印书馆，2019.

[20] 付定吉. 当代最具收藏价值名家作品鉴赏[M]. 北京：北京工艺美术出版社，2019.

[21] 陈德锦，杨军，邵艺玮. 琥珀昆虫记知识·鉴赏·收藏 [M]. 北京：化学工业出版社，2019.

[22] 军情视. 经典刀剑鉴赏指南 [M]. 北京：化学工业出版社，2019.

[23] 王蓓. 彩色宝石鉴赏评价 [M]. 武汉：中国地质大学出版社，2019.

[24] 刘蠡龄. 朝珠藏品鉴赏 [M]. 北京：中西书局，2019.

[25] 李常宝. 金丝玉标准与鉴赏 [M]. 北京：中国标准出版社，2019.

[26] 王昶，申柯娅，李坤. 中国玉器鉴赏 [M]. 北京：化学工业出版社，2019.

[27] 王昶，申柯娅. 翡翠收藏与鉴赏 [M]. 北京：化学工业出版社，2020.

[28] 任泉溪. 邮票收藏与鉴赏（修订版）[M]. 北京：中国人口出版社，2020.

[29] 李延春. 古陶瓷鉴赏大观 [M]. 上海：上海文化出版社，2020.

[30] 刘蠡龄. 琉璃藏品鉴赏 [M]. 北京：中西书局，2020.

[31] 郑重. 海上收藏世家 [M]. 北京：生活·读书·新知三联书店，2020.

[32] 张珩. 木雁斋书画鉴赏笔记：标点整理本（全四册）[M]. 上海：上海书画出版社，2020.